遺言執行の手引

〔第2版〕

弁護士 山崎巳義 著

商事法務

第２版はしがき

初版は、平成25年（2013年）12月に刊行したもので、すでに8年余りが経過した。この間、平成30年（2018年）に民法の大改正があり、また、重要な判例も出てきた。そこで、それに伴い改訂をするものである。

本書の特徴は、初版と同様、実務で主流をなしている相続させる遺言を主軸にとらえて書いたもので、従来の遺贈を主軸として書かれているものと異なるものである。

本書が、さらに、遺言執行の実務に役立てれば幸いである。

令和４年２月

弁護士　山 崎 巳 義

はしがき

高齢化社会を迎え、遺言作成が増加してくるものと思われ、それに伴い遺言執行者による遺言執行の問題が多く出てくるものと予想される。

遺言執行者となった場合、どのようなものが「遺言の執行に必要な行為」に属するのかという遺言執行者の権利義務の範囲は、明確ではなく、それは具体的事案ごとに個別に検討を要するので、実務上、難問の１つとされているところであり、さらに、実務では、民法にはない「相続させる遺言」が定着してきているので、その分野についての手がかりも必要な状況にある。

このようなことで、遺言執行者に就職し、その遺言執行をする際に、戸惑うところが多々あるのが現実である。

本書は、そのような問題点をとらえ、さらに「相続させる遺言」の執行を主軸にとらえて、それを筆者が理解している範囲で取り上げ、又、実務家に利用しやすいよう、文章は箇条書き的に整理した記述につとめた。

本書が、遺言執行の手引書として、遺言執行の実務に、いくらかでも参考になればこの上のない喜びである。

平成25年10月

弁護士　山崎巳義

遺言執行の手引

目　次

資料目次

資料1　判旨

I　相続させる遺言に関する判例

II　遺言執行者の当事者適格に関する判例

資料2 書式例

資料3　関連法規（抜粋）

凡　例

次のような略号を用いた。

1　法令

民	民法
家事手続	家事事件手続法
家事規	家事事件手続規則
不登	不動産登記法
不登令	不動産登記令
不登規	不動産登記規則
旧不登	旧不動産登記法
農地	農地法
農地施規	農地法施行規則
旧農地	旧農地法
商	商法
会社	会社法
一般法人	一般社団法人及び一般財団法人に関する法律
破	破産法
戸籍	戸籍法
信託	信託法
民訴	民事訴訟法
保険	保険法
弁護	弁護士法
弁職規	弁護士職務基本規程
遺言書保管法	法務局における遺言書の保管等に関する法律
遺言書保管省令	法務局における遺言書の保管等に関する省令

【使用例】

例えば、民法13条1項2号のことを、民§13Ⅰ②と略記した。

2　判例・先例

(1)　裁判所名及び判決等の区別

最判	最高裁判所判決
最決	最高裁判所決定
大判	大審院判決
高判	高等裁判所判決
地判	地方裁判所判決
家審	家庭裁判所家事審判

(2)　判例集

民集	最高裁判所民事判例集・大審院民事判例集
集民	最高裁判所裁判集民事
民録	大審院民事判決録
高民	高等裁判所民事判例集
下民	下級裁判所民事裁判例集
家月	家庭裁判月報
判時	判例時報
判タ	判例タイムズ
判決全集	大審院判決全集

【使用例】

最判平成3年4月19日民集45巻4号477頁は

最高裁判所平成3年4月19日判決・最高裁判所民事判例集45巻4号477頁

(3)　不動産登記先例

不動産登記事務に関する法務省民事局からの通達、回答など

【使用例】

法務省民事局昭和38年11月20日民甲3119号回答は

昭和38年11月20日・民事甲第3119号法務省民事局長回答

3　参考文献

本文中で参考文献をあげる場合は、その文献名、論文名をフルネームで明示することを原則とした。

但し、次の略号を用いたものがある。

最判解説〇〇年	最高裁判所判例解説・民事篇〇〇年度（法曹会）
新版注釈民法（28）	中川善之助＝加藤永一編『新版注釈民法（28）・相続(3)〔補訂版〕』（有斐閣、平成14年）
日本公証人連合会編・証書の作成と文例	日本公証人連合会編著『新版証書の作成と文例〔三訂〕』（立花書房、昭和63年）
香川・登記書式解説（一）	香川保一編著『新不動産登記書式解説（一）』（テイハン、平成18年）
登記先例要旨録	不動産登記実務研究会編『実務不動産登記先例要旨録』（六法出版社、昭和61年）
解説弁護士職務基本規程	日本弁護士連合会弁護士倫理委員会編著『解説弁護士職務基本規程〔第3版〕』（日本弁護士連合会、平成29年）
自由と正義	日本弁護士連合会の月刊誌

序　章

遺言――相続させる遺言と遺贈

第1　遺言の実態と相続させる遺言

1　遺言の実態

遺言による財産処分の方法として、遺言書が、公正証書によるか自筆証書によるかを問わず、実務では「相続させる」趣旨の遺言（以下「相続させる遺言」という）が広く利用されてきていた＊1。

そして、平成3年4月19日の最高裁判所の「相続させる遺言」についての判決（以下「平成3年判決」という）が出たことにより、相続させる遺言は定着し、その後、関連する判例が次々と出ている。

＊1　この「相続させる」という財産処分は、公証実務家によって考案され、法務省民事局において公認されたものである（日本公証人連合会編・証書の作成と文例395頁、法務省民事局昭和47年4月17日民甲1442号通達、同47年8月21日民甲3565号回答）。

2　相続させる遺言の最高裁判例の流れ

相続させる遺言に関する最高裁判所の判例は、平成３年判決が最初であるが、その後、次々と出ている。その判例の流れをみてみよう。

(1)　平成３年判決（最判平成３年４月19日民集45巻４号477頁）（資料１判旨【１】）

【要旨】　特定の遺産を特定の相続人に「相続させる」趣旨の遺言は、特段の事情がない限り、当該遺産を当該相続人をして単独で相続させる遺産分割の方法（民法908条）が指定されたものと解すべきであり、また当該遺言において相続による承継を当該相続人の意思表示にかからせたなどの特段の事情のない限り、何らの行為を要せずして当該遺産は被相続人の死亡の時に直ちに相続により承継される＊2。

＊2　平成３年判決は、「特定の遺産」を「特定の相続人」に相続させる遺言の事案であるが、「全ての遺産」を「相続人の１人」に相続させる場合も、平成３年判決の趣旨が及ぶと解されている（この場合は、遺産分割の方法の指定と当該相続分を全部とする相続分指定の趣旨も含まれていると解することになる）。

後記の平成21年判決（最判平成21年３月24日）（資料１判旨【６】）、平成23年判決（最判平成23年２月22日）（資料１判旨【７】）は、これを前提としているものと考えられている（最判平成23年２月22日判時2108号52頁のコメント参照）。

(2)　上記平成３年判決以降の判決例

①　平成７年判決（最判平成７年１月24日集民174号67頁）（資料１判旨【２】）

特定の不動産を相続させる旨の遺言と遺言執行者の登記手続義務に関して

【要旨】　特定の不動産を特定の相続人甲に相続させる旨の遺言により、甲が被相続人の死亡とともに当該不動産の所有権を取得した場合には、甲が単独でその旨の所有権移転登記手続をすることができ、遺言執行者は、遺言の執行として当該登記手続をする義務を負わない＊3。

＊3　この平成7年判決は、遺言執行者には登記手続に関して職務権限がないという趣旨ではなく、当該不動産が被相続人名義であるときは、受益相続人が単独で相続登記手続ができるので、遺言執行者の職務が顕在化しない趣旨である。登記手続が遺言執行者の職務権限に属することは後記平成11年判決にて明確にしており、かつ平成7年判決との関係についても明らかにしている。

②　平成10年判決（最判平成10年2月27日民集52巻1号299頁）（資料1 判旨【3】）

遺言執行者がある場合における遺言によって特定の相続人に相続させるものとされた特定不動産についての賃借権確認請求訴訟の被告適格に関して

【要旨】　遺言によって特定の相続人に相続させるものとされた特定の不動産についての賃借権確認請求訴訟の被告適格を有する者は、遺言執行者があるときであっても、遺言書に当該不動産の管理及び相続人への引渡しを遺言執行者の職務とする旨の記載があるなどの特段の事情のない限り、遺言執行者ではなく当該相続人である。（相続させる遺言をした遺言者の意思は、受益相続人に相続開始と同時に遺産分割手続を経ることなく当該不動産の所有権を取得させることにあるから、その占有・管理についても受益相続人が相続開始から所有権に基づき自らこれを行うことを期待しているのが通常と考えられるので、特段の事情がない限り、遺言執行者は当該不動産を管理する義務やこれを相続人に引き渡す義務を負わないからである。）

③ **平成11年判決（最判平成11年12月16日民集53巻9号1989頁）**（資料1 判旨【4】）

特定の不動産を特定の相続人に相続させる趣旨の遺言がされた場合において他の相続人が相続開始後に当該不動産につき被相続人からの所有権移転登記を経由しているときの遺言執行者の職務権限に関して

【要旨】 特定の不動産を特定の相続人甲に相続させる趣旨の遺言がされた場合において、他の相続人が相続開始後に当該不動産につき被相続人から自己への所有権移転登記を経由しているときは、遺言執行者は、当該所有権移転登記の抹消登記手続のほか、甲への真正な登記名義の回復を原因とする所有権移転登記手続を求めることができる*4。

*4 この平成11年判決は、登記手続は遺言の執行に必要な行為にあたり、遺言執行者の職務権限に属することを明確にしたうえ、当該不動産が被相続人名義であるときは平成7年判決の通り、遺言執行者の職務は顕在化せず、遺言執行者は登記手続をすべき権利も義務も有しないが、他の相続人の名義になっているようなときは、遺言執行者の職務が顕在化し、遺言執行者は遺言執行の一環として妨害を排除するため抹消登記手続等を求めることができるとしたのである（詳細は資料1 判旨【4】）。

④ **平成14年判決（最判平成14年6月10日集民206号445頁）**（資料1 判旨【5】）

「相続させる」趣旨の遺言による不動産の取得と登記に関して

【要旨】 「相続させる」趣旨の遺言による不動産の権利の取得については、登記なくして第三者に対抗することができる*[5]。

＊5　不動産の相続と登記の関係（対抗要件具備の要否）については
イ　共同相続に関して　対抗要件具備は不要であったが（最判昭和38年2月22日民集17巻1号235頁）、民法改正により、法定相続分を超える権利を取得した場合は必要となった（§899の2Ⅰ）
ロ　遺産分割に関して　対抗要件具備　必要（最判昭和46年1月26日民集25巻1号90頁）
ハ　遺贈に関して　対抗要件具備　必要（最判昭和39年3月6日民集18巻3号437頁）

⑤　平成21年判決（最判平成21年3月24日民集63巻3号427頁）（資料1判旨【6】）

相続人のうちの1人に対して財産全部を相続させる旨の遺言がなされた場合において、遺留分の侵害額の算定にあたり、遺留分権利者の法定相続分に応じた相続債務の額を遺留分の額に加算することの可否に関して

【要旨】　相続人のうちの1人に対して財産全部を相続させる旨の遺言がなされた場合には、遺言の趣旨等から相続債務については当該相続人にすべてを相続させる意思のないことが明らかであるなどの特段の事情がない限り、相続人間においては当該相続人が相続債務もすべて承継したと解され、遺留分の侵害額の算定にあたり、遺留分権利者の法定相続分に応じた相続債務の額を遺留分の額に加算することは許されない。

⑥　平成23年判決（最判平成23年2月22日民集65巻2号699頁）（資料1判旨【7】）

「相続させる」旨の遺言により遺産を相続させるものとされた推定相続人が遺言者の死亡以前に死亡した場合における当該遺言の効力に関して

【要旨】 遺産を特定の推定相続人に単独で相続させる旨の遺産分割の方法を指定する「相続させる」趣旨の遺言は、当該遺言により遺産を相続させるものとされた推定相続人が遺言者の死亡以前に死亡した場合には、当該「相続させる」旨の遺言に係る条項と遺言書の他の記載との関係、遺言書作成当時の事情及び遺言者の置かれていた状況などから、遺言者が上記の場合には、当該推定相続人の代襲者その他の者に遺産を相続させる旨の意思を有していたとみるべき特段の事情がない限り、その効力を生ずることはない*6。

*6 遺贈の場合については、遺言者の死亡以前に受遺者が死亡したときは、民法994条に遺贈が失効する旨の規定があるが、相続させる遺言の場合に、同様の事態が生じた場合の相続させる遺言の効力に関しての明文規定はないので、それに対する最高裁の判断である。

(3) 又、下級審においても相続させる遺言に関し多数の判例が出ている*7。

*7 例えば、東京地判平成24年1月25日判時2147号66頁（資料1 判旨【8】）など。

3 相続させる遺言の問題とされていた点

民法には、遺贈に関しては直接規定があるが、相続させる遺言に関しては直接規定がなかった。

また、この最高裁の平成3年判決については、実質的には法定相続と遺贈の折衷形態である新しい遺産相続制度を創設したものとされ、この平成3年判決を契機として、相続させる遺言に関する様々な問題を、個々具体的に、相続に準じて処理するのか、遺贈に準じて処理するのかを決めなければならなくなったのである

（河邉義典・最判解説平成11年1001頁）。

そこで、相続させる遺言に関する実務上の流れや対処方法について、今後も様々な問題が課題として出てくるとされていた。

4　民法改正による規定の新設――「特定財産承継遺言」

平成30年（2018年）の民法改正の際に、相続法も改正された。

その改正の中で、相続させる遺言に関し、「特定財産承継遺言」というものが規定された（民§1014Ⅱ）。

「特定財産承継遺言」とは、「遺産の分割の方法の指定として遺産に属する特定の財産を共同相続人の1人又は数人に承継させる旨の遺言」をいうと定義されたのである（民§1014Ⅱ）＊8。

これは、最高裁の平成3年判決をもとに明文化されたのである。

尚、最高裁の平成3年判決のいう「相続させる遺言」については、厳密にいうと、「特定財産承継遺言」（遺産分割方法の指定がされたと解すべきもの）と遺贈（遺贈と解すべき特段の事情があるもの等）の2つに別れるといえるが、基本的には、特定財産承継遺言に該当するといえるから（堂薗幹一郎＝野口宣大編著『一問一答新しい相続法〔第2版〕』（商事法務、令和2年）117頁注2）、本書では厳密な記載分けをしていない。

＊8　遺産分割方法には、イ遺産分割の方式を指定したものとロ遺産分割により、特定の財産を特定の相続人に取得させることを指定するもの、が含まれる。特定財産承継遺言は、このロについて表したことになる。

5　実務の動き

上記の通り、民法では「特定財産承継遺言」が規定されたものの、実務では、従前通り「相続させる」と表示された遺言が作成されているのが実態である。

そこで、本書では、「相続させる遺言」として表示することとした。

6　相続させる遺言と遺贈の実務上の差異（相続させる遺言のメリット）

⑴　相続させる遺言は、遺言に示された遺産を、特定の相続人（受益相続人）に単独で相続により承継させようとする遺言である（前掲平成3年判決）。

民法1014条2項の「特定財産承継遺言」も同旨である。

一方、遺贈は、遺言に示された財産を、遺言に示された相手方（受遺者）へ無償で処分する遺言である。

⑵　したがって、相続させる遺言は、遺産に関し一般承継となるが、遺贈は特定承継となる＊9。

＊9①　「相続させる遺言」と「遺贈」との実務上の差異については、日本公証人連合会編・証書の作成と文例395頁、浦川登志夫＝岡本和雄『新版　遺言に関する文例書式と解説』（新日本法規出版、平成15年）45頁、塩月秀平・最判解説平成3年217頁、河邉義典・最判解説平成11年999頁が詳述している。

②　相続させる遺言は一般承継、遺贈は特定承継との表現を使うことについては、塩月・前掲222頁参照。

③　尚、「相続させる」遺言による権利承継は、その実質において、一般の相続による権利承継とは異なり、被相続人の意思表示に基因する権利移転であって、遺贈と共通する側面を有する（河邉・前掲1017頁）。

⑶　この結果、実務上では次のような差異が生じてくる。

①　相続させる遺言の場合

イ　不動産登記手続は相続を原因として単独で登記申請が

できる（不登§63Ⅱ）（資料3関連法規【1】）。

その登録免許税は不動産価額の1000分の4である（登録免許税法§9、別表第1一(二)イ）。

ロ　対抗要件について、これまで不要とされてきたが（前掲最判昭和38年2月22日、前掲平成14年判決）、民法改正により、法定相続分を超える権利を取得した場合は、対抗要件が必要となった（§899の2Ⅰ）。

ハ　農地の場合、農業委員会の許可も不要である＊10。

ニ　借地権、借家権について賃貸人の承諾も不要である。

＊10　農地法3条の許可を求める相手は、平成23年同法の改正により、知事ではなく、農業委員会となった（資料3関連法規【2】）（詳細は第4章「相続させる遺言の遺言執行者の具体的職務権限と執行」第2の3＊5参照）

② 遺贈の場合

包括遺贈（受遺者が法定相続人の一部の場合や第三者の場合）及び特定遺贈（この場合は受遺者が法定相続人であると第三者であるとを問わない）の場合は、次のように取り扱われている＊11。

イ　不動産登記手続は遺贈を原因として共同での登記申請となる（不登§60）。

その登録免許税は不動産価額の1000分の20である（登録免許税法§9、別表第1一(二)ハ）。

ロ　対抗要件は必要である（民§177）。

ハ　農地の場合、農業委員会の許可について（資料3関連法規【2】）

a　包括遺贈の場合

受遺者が相続人の一部であると第三者であるとを

問わず、農業委員会の許可は不要である（農地§3Ⅰ⑯、農地施規§15⑤）。

b　特定遺贈の場合

ⓐ　受遺者が相続人の場合は、不要である（農地§3Ⅰ⑯、農地施規§15⑤）。

ⓑ　受遺者が相続人以外の場合は、必要である（農地§3Ⅰ）。

ニ　借地権、借家権について賃貸人の承諾が必要である（民§612）。

＊11　包括遺贈で、受遺者が全員法定相続人の場合は、「遺贈する」とあっても、登記原因は「相続」となるので、上記相続させる遺言の場合と同様、上記①があてはまる（包括遺贈の登記手続（第5章「遺贈の遺言執行者の具体的職務権限と執行」第2の1⑴③）を参照）。

⑷　上記のように相続させる遺言が遺贈よりメリットがあるので、「相続させる」遺言が実務で多く利用されているのである。

7　相続させる遺言及び遺贈の対象者（受益相続人及び受遺者）

⑴　相続させる遺言の場合の遺言の対象者（受益相続人）は、遺言作成時において、第1順位の相続人のみである（相続させる遺言により、当該財産を相続する者を以下「受益相続人」という）。

それ以外の相続人や第三者に対する財産処分の遺言は、遺贈によることとなる＊12。

＊12　例えば、

①　遺言者に、事業を引き継ぐ長男と、事業を共にしてきた実弟がいる場合で、長男には現金・預貯金及び甲土地建物を、弟には乙土地建物を、それぞれ取得させる遺言を作成する場合、長男には現金・預貯金及び甲土地建物を「相続させる遺言」ができるが、

弟には乙土地建物を「遺贈する」遺言となる。

② 遺言者には、妻との間にA、B、Cの３人の子供をもうけたが、Aがすでに死亡していて、その子ａがおり、生存中のBには子ｂがいる場合に、孫であるａ及びｂに遺言する場合は、ａは、遺言作成時には、代襲相続人で第１順位の相続人であるから、ａに対しては「相続させる遺言」ができるが、ｂは、遺言作成時は相続人ではないから、「遺贈」となる。

⑵ 遺贈の場合の遺言の対象者（受遺者）は、すべての相続人及び相続人以外の第三者がなることができる。

⑶ 尚、受益相続人や受遺者が遺言者より早く死亡した場合は、相続させる遺言については前掲平成23年判決（資料１判旨【7】）により、又、遺贈については民法994条1項により、その効力は生じないので、それに備えて、例えば相続させる遺言の場合は、当初の受益相続人Aが遺言者より早く死亡した場合には、相続人Bに相続させる旨の遺言（補充規定）をしておく例もある。

遺贈の場合は、民法994条2項但書により補充遺贈をしておく例もある。

8 相続させる遺言の内容

⑴ 全部の財産を相続させる場合は、「一切の財産を相続させる」や「遺産の全部を相続させる」という文言の内容とするのが例である（包括遺贈の場合のように「包括して」という文言は使用しないようである）。

⑵ 特定の財産を相続させる場合は、例えば「Aに○○の土地を相続させる」という内容である（特定遺贈の場合と同様である）*13。

＊13　個々の不動産を特定しなくても「不動産全部」というのも特定していると解されている（特定遺贈の場合の例として、香川・登記書式解説（一）436頁）。

第2　遺言の性質

1　遺言の性質

遺言は人の生前における最終の意思に法律効果を認め、死後にその実現をはかる制度であるから、法律行為の一種であるが、通常の法律行為と比べるといくつかの特色がある。

2　遺言の特色

遺言には次のような特色がある

① 遺言は単独の要式行為である（民§960、§967以下）。
方式に反する場合は効力を生じない。

② 遺言は遺言者の死亡によって効力を生じる（民§985）。
遺言者が生きている間はどのような効果も生じない（最判昭和31年10月4日民集10巻10号1229頁）（資料1 判旨【15】）。

③ 遺言で法的効果を生じるのは法定事項に限定される。
法定事項にあたらない事項は、遺言書に記載しても法的効果は生じない。

④ 遺言はいつでも撤回できる意思表示である。
遺言者は何らの理由なしに遺言の方式に従っていつでも撤回ができる（民§1022以下）。

第３　遺言の内容――遺言事項と執行の要否

遺言の内容は種々多様で、内容を分類すると遺言できる事項として、民法その他の法により定められた事項（法定遺言事項）とそれ以外の事項がある。

1　法定遺言事項

遺言によって法律上の効力を与えられるものは、法定遺言事項に限られる。無用の混乱を招かないようにするためである。

その法定遺言事項を列挙すると次の通りである。

(1)　相続に関する遺言事項

①　推定相続人の廃除・取消（民§893、§894Ⅱ）

②　相続分の指定・指定の委託（民§902）

③　特別受益の取戻の免除（民§903Ⅲ）

④　遺産分割の方法の指定・指定の委託（民§908）　相続させる遺言（民§908、前掲平成３年判決）

⑤　遺産分割の禁止（民§908）

⑥　共同相続人の担保責任の減免・加重（民§914）

(2)　相続以外による遺産の処分に関する事項

①　遺贈（民§964）

②　信託の設定（信託§2Ⅱ②、§3②）

③　一般財団法人の設立（一般法人§152Ⅱ）

(3)　遺言の執行に関する事項

遺言執行者の指定・指定の委託（民§1006）

⑷ 身分関係に関する事項

① 認知（民§781Ⅱ）

② 未成年後見人・未成年後見監督人の指定（民§839、§848）

⑸ その他の事項

① 祭祀承継者の指定（民§897）

② 遺言の撤回（民§1022）

③ 生命保険金の受取人の変更（保険§44Ⅰ）

2 法定遺言事項以外の事項

法定遺言事項にあたらない事項は、遺言としての効力はない。

法定遺言事項でない、いわゆる余事記載は、法的拘束力はないということである。

しかし、遺言は、遺言者の最後の意思表示になるので、法律的意味の遺言ではなくても、遺訓・遺誡あるいは感謝の念として、これを記載している例も多い*14。

*14 公正証書作成の実務においても、「遺言者が遺言するに至った動機、心情、希望などを公正証書に記載することは法律的には無意味なことであるが、遺言者の遺言をするに至る心情に思いを廻らすとき、遺言者の心情を公正証書に残すことは意義があると思うし、受遺者、相続人あるいは親族等を納得心服させることにもなり、争いを予防する効果を発揮するに違いない」とし、これを記載する文例も掲げている（日本公証人連合会編・証書の作成と文例440頁及び437頁の文例106）。

3 法定遺言事項についての執行の要否

法定遺言事項の中で、遺言の執行行為を要するものと要しないものがあり、執行行為を要する場合でも、必ず遺言執行者によるべきものと、遺言執行者又は相続人でできるものとがある。

⑴ 執行行為を要する事項

① 遺言執行者による執行行為を要する遺言事項

遺言の内容を実現するために、遺言執行者の執行を必要とする遺言事項で、その執行は必ず遺言執行者がいなければならない。

これにあたるものは次のものがある。

イ　認知（民§781Ⅱ）

ロ　推定相続人の廃除・取消（民§893、§894Ⅱ）

② 遺言執行者がいる場合は遺言執行者による執行行為、遺言執行者がいない場合は相続人による執行行為を要する遺言事項

この場合は遺言執行者の選定は任意的なものとなるが、遺言執行者がいる場合は、その執行は遺言執行者によらなければならない。

これにあたるものは次のものがある。

イ　相続させる遺言（民§908、前掲平成3年判決）

但し、遺言の目的不動産が被相続人名義の場合は受益相続人が単独でできる（前掲平成7年判決）

ロ　遺贈（民§964）

ハ　信託の設定（信託2Ⅱ②、§3②）

ニ　一般財団法人の設立（一般法人§152Ⅱ）

ホ　祭祀承継者の指定（民§897）

ヘ　生命保険金の受取人の変更（保険§44Ⅰ）

⑵ 執行行為を要しない事項

遺言事項のうち、上記⑴以外の遺言事項は、執行行為を要しない事項である。

4　相続させる遺言と遺贈

相続させる遺言は、民法908条の遺産分割の方法を定めるものであるから（前掲平成3年判決）、遺言事項にあたり、又、遺贈も民法964条の遺言事項にあたる。

5　遺言の実態

遺言の中には、財産に関する遺言事項に関し、相続させる遺言事項と遺贈の遺言事項が併せて入っているものもあれば、相続させる遺言事項だけのもの、遺贈の遺言事項だけのものもあり、さらに財産以外に関する遺言事項が含まれているものもあり、遺言の内容は極めて多様である。

遺言の中で、財産に関する遺言事項である「相続させる遺言」及び「遺贈」以外の事項は、相続させる遺言の場合でも、遺贈の場合でも共通のことがらである。

そこで、遺言において、①共通のことがら、②相続させる遺言に特有のことがら、③遺贈に特有のことがらに関してみていく必要がある。

しかし、この区分は、すっきりと分けることができない場面が出てくるので、以下は適宜の区分とした。

第1章

遺言執行者

第1　はじめに

1　遺言執行者

遺言執行者とは、遺言が効力を生じた後に、遺言の内容を実現することを職務として、①遺言により指定された者、又は②家庭裁判所により選任された者をいう＊1。

＊1　遺言執行者は自然人に限らない。法人も遺言執行者になることができる。
　相続人や受遺者が遺言執行者になれるかという問題があるが、いずれもなれると解されている。

2　遺言執行者の就職

遺言執行者に指定されただけでは、遺言の執行について何らの権限はなく、遺言執行者に就職することについて承諾の意思表示をした時から、初めて遺言執行者としての任務が開始し、権利義務を生ずることになる（民§1007、§1012 I）。

遺言執行者の就職承諾の意思表示前になされた遺言執行者の執

行行為は、無効である＊2。

＊2　このような場合、実際は、遺言執行者に、就職することについて黙示の承諾があったものとして処理される場合が多いであろう（東京高判平成15年4月24日判時1932号80頁参照）。

第2　遺言の指定による遺言執行者

1　遺言による指定（民§1006）

⑴　遺言者は、遺言で、遺言執行者を指定することができ、指定された者が遺言執行者となる。

その遺言は、自筆証書遺言であると公正証書遺言であると秘密証書遺言であると特別の方式による遺言（民§976～§984）であるとを問わない。

この場合、指定された遺言執行者は、当然に遺言執行者にならなければならないというのではなく、遺言執行者に就職するか否かの諾否を決めることができる（民§1008）。

⑵　遺言者は、遺言で、遺言執行者を指定することを第三者に委託することができる（民§1006Ⅰ）。

委託を受けた者がその委託を承諾したときは、遅滞なく遺言執行者を指定する（民§1006Ⅱ）。

この場合も、指定の委託を受けた者から指定された遺言執行者は、就職するか否かの諾否を決めることができる（民§1008）。

⑶　尚、遺言執行者の指定の委託を受けた者は、遺言執行者を指定した場合はその旨を（民§1006Ⅱ）、委託を辞そうとするときはその旨を（民§1006Ⅲ）遅滞なく、相続人に通知しなければ

ならない。

2　指定された遺言執行者が就職の諾否をするに際しての調査事項

遺言は、遺言者の死亡によりその効力を生ずるが（民§985Ⅰ）、前述の通り、それによって遺言執行者に指定された者が当然に遺言執行者に就職しなければならないわけではない。

遺言で遺言執行者に指定された者は、自己の判断で、自由に就職の諾否を決めることができる（民§1008）。

指定された遺言執行者は、就職を承諾するか否かを判断するに際して、次のことは調査すべきである。

(1)　遺言書についての調査

①　自筆証書遺言の場合の調査

なお、後記②遺言書保管制度利用の自筆証書の場合も、検認手続を除いて、同じである。

イ　遺言書の入手と遺言の方式等の点検

遺言書が自筆証書遺言の場合は、遺言書を入手して、その遺言書が遺言の方式（民§968）の要件を充たしているかどうか、又、共同遺言（民§975）になっていないか、について点検すべきである。

遺言の方式の要件を充たしていない場合や共同遺言となっている場合は、その遺言は無効となるからである。

ロ　遺言の方式の要件等とその点検

自筆証書遺言の場合は、ａ全文が自書されていること（但し、財産目録を添付する場合については除く。民§968Ⅱ）、ｂ日付が自書されていること、ｃ氏名が自書されていること、ｄ押印されていることが要件である（民§968Ⅰ）。

加除・変更した場合についての要件もある（民§968Ⅲ）。

又、共同遺言は禁止されており（民§975）、さらに遺言の内容が不明確な場合や遺言能力に疑問がある場合などが生ずる。

これらを点検すべきことになる。

a　全文が自書されているか*3。

但し、自筆証書と一体のものとして、相続財産の全部又は一部の目録を添付する場合は、その目録については、自書を要しない（民§968Ⅱ）。

*3　全文「自書」の要件との関連問題

全文自書は、真に本人作成にかかわるものか否かや、加除変更の危険が多いことから求められているものである。

① 全文を、他人が代わって書いた遺言書は、自書でないので、無効である。

② 機器を用いて書かれている場合

全文又は一部が、パソコンやワープロ、タイプライター、点字機等、機器を用いて書かれている場合の遺言は無効である。

但し遺言に添付する財産目録については、自書を要しない（民§968Ⅱ）。尚、財産目録について特定の方式が規定されていない。そこで、財産目録についてパソコンやワープロ等を用いて書かれたものや、預金通帳の写し、登記事項証明書等を添付したものでもよい（但し、自書でない部分については、全ての頁に署名、押印を要する。（民§968Ⅱ）。

③ ビデオや録音テープによる遺言も無効である。最判昭和62年10月8日民集41巻7号1471頁（資料1 判旨【16】）は、遺言証書を文字が記録された書面とみており、自筆証書を、筆跡鑑定により、その真正の確認ができる手書きの書面としているから、ビデオや録音テープはこの「全文自書」の要件を欠く（上野雅和「遺産分割・遺言215題」判タ688号307頁参照）。

④ 運筆について、他人の添え手による補助を受けてされた自筆遺言証書が自書の要件を充たすためには、遺言者が自書能力を有

し、且つ、添え手をした他人の意思が介入した形跡がないことが筆跡のうえで判定できることを要する（前掲最判昭和62年10月8日（資料1 判旨【16】））。

⑤ カーボン複写の方法によって記載された自筆の遺言は、自書の要件に欠けるものではない（最判平成5年10月19日集民170号77頁（資料1 判旨【17】））。

⑥ 自書の用語には制限がない。外国語をもって書いてもよい。又、意味の明確な略字や符号が入っていてもよい。

⑦ ちなみに、民法554条には、死因贈与の効力は遺贈に関する規定に従うと規定されているが、死因贈与の方式については、遺贈に関する規定の準用はない（最判昭和32年5月21日民集11巻5号732頁（資料1 判旨【18】））。

b 日付が記載されているか＊4。

日付は、遺言能力の有無、遺言の前後を確定するため等に、特定する必要がある。

＊4 「日付」の要件との関連問題

① 作成年月日が自書されていないものは無効である。

② 年月日に、日付印を用いられたものは無効である。

③ 年月の記載があっても、日の記載がないものは無効である（最判昭和52年11月29日集民122号271頁（資料1 判旨【19】））。

④ 何年何月「吉日」の記載は無効である（最判昭和54年5月31日民集33巻4号445頁（資料1 判旨【20】））。

⑤ 自筆遺言証書に記載された日付が真実の作成日付と相違しても、その誤記であること及び真実の作成の日が遺言証書の記載その他から容易に判明できる場合は、当該日付の誤りは遺言を無効にするものではない（最判昭和52年11月21日集民122号239頁（資料1 判旨【21】））。

⑥ 遺言者が遺言書のうち日付以外の全文を記載して署名押印し、その8日後に当日の日付を記載して当該遺言書を完成させたときは、特段の事情のない限り、当該日付を記載した日に作成された自筆証書遺言として有効である（最判昭和52年4月19日集民120号531頁（資料1 判旨【29】））。

⑦ ＊6の⑧参照。

c　氏名が自署されているか*[5]。

＊5　氏名の要件との関連問題

氏名の自署は、誰が遺言者であるか、その同一性を明確にするためのものである。

① 氏名でなくても遺言者が日常用いているペンネーム、雅名、芸名、通称などでもよい。

② 氏又は名だけを記載しても遺言書の内容その他から遺言者の同一性が認識できれば有効とされている。

　例えば、吉川治郎兵衛が、吉川の氏の記載がなく、親であることを記した「親治郎兵衛」の記載が有効とされている（大判大正4年7月3日民録21輯1176頁）。

③ ＊6の⑤参照。

④ ＊6の⑧参照。

d　押印があるか*[6]。

＊6 「押印」の要件との関連問題

① 自筆証書遺言に使用すべき印章には何らの制限もないので（最判平成元年2月16日民集43巻2号45頁（資料1 判旨【22】））、印は実印でなくてもよく、認印でよい。

② 自筆遺言証書における押印は、指印をもって足りる（前掲最判平成元年2月16日（資料1 判旨【22】））。

③ 印は、遺言者の依頼により、他人が遺言者の面前で押した場合でも有効とされる（大判昭和6年7月10日民集10巻736頁）。

④ 英文の自筆遺言証書の遺言書に署名が存するが、押印を欠く場合において、遺言者が遺言書作成の約1年数か月前、日本に帰化した人であることなどの事情があるときは遺言書を有効と解すべきであるとされた例がある（最判昭和49年12月24日民集28巻10号2152頁（資料1 判旨【23】））。

⑤ 遺言書に署名はあるが、押印がない場合でも、遺言者が封筒の封じ目にされた押印により、押印の要件に欠けるところはないとされた例がある（最判平成6年6月24日集民172号733頁（資料1 判旨【24】））。

⑥ 遺言書に署名も押印もなく、検認時にすでに開封されていた封筒には遺言者の署名押印がある場合については、遺言書と検認時にすでに開封されていた封筒が一体のものとして認めることがで

きない以上、無効である（東京高判平成18年10月25日判時1955号41頁（資料1 判旨【25】））。

⑦ 遺言書が数葉にわたる場合、その間に契印、編綴がなくてもそれが1通の遺言書であることが確認できる限り、当該遺言書による遺言は有効である（最判昭和37年5月29日集民60号941頁（資料1 判旨【28】））。

⑧ 自筆証書遺言が数葉にわたるときでも、1通の遺言書として作成されているときは、その日付、署名、押印は一葉にされるのをもって足りる（最判昭和36年6月22日民集15巻6号1622頁（資料1 判旨【26】））。

⑨ 花押は、印章による押印と同視することができず民法968条1項の押印の要件を満たさない（最判平成28年6月3日民集70巻5号1263頁）。

e 加除・変更個所

証書の中に加除・変更がある場合は、遺言者がその場所を指示し、これを変更した旨を付記して、特にこれに署名し、且つ、変更の場所に押印があるか（民§968Ⅲ）＊7。

＊7 「訂正」に関連する問題

自筆証書遺言における証書の記載自体から明らかな誤記の訂正については、民法968条2項（当時）所定の方式の違背があっても、その違背は遺言の効力に影響を及ぼさない（最判昭和56年12月18日民集35巻9号1337頁（資料1 判旨【27】））。

f 共同遺言の禁止

同一の証書で2人以上の者の遺言になっていないか＊8。

これら（a～f）のことは調査すべきであろう。

＊8 共同遺言禁止（民§975）に関連する問題

① 同一の証書に2人の遺言が記載されている場合は、そのうちの一方につき氏名を自書しない方式の違背があるときでも、当該遺

言は、民法975条により禁止された共同遺言にあたる（最判昭和56年9月11日民集35巻6号1013頁（資料1判旨【30】））。

② 1通の証書に2人の遺言が記載されている場合であっても、その証書が各人の遺言書の用紙をつづり合わせたもので、両者が容易に切り離すことができるときは、当該遺言は、民法975条によって禁止された共同遺言にあたらない（前掲最判平成5年10月19日（資料1判旨【17】））。

g 遺言の解釈

遺言の解釈にあたっては遺言書の文言を形式的に判断するだけでなく、遺言者の真意を探究すべきものであり、遺言書の特定の条項を解釈するにあたっても、当該条項と遺言書の全記載との関連、遺言書作成当時の事情及び遺言者の置かれている状況などを考慮して当該条項の趣旨を確定すべきである（最判昭和58年3月18日集民138号277頁）（資料1判旨【31】）＊9。

＊9 遺言書の解釈においての問題

① 遺言書中の特定の遺産を一部の親族に遺贈等をする旨の条項に続く「遺言者は法的に定められた相続人をもって相続を与える」との条項について、遺贈の趣旨と解する余地があり、「法定相続人に相続させる」趣旨であるとしたことが違法であるとされた例がある（最判平成17年7月22日集民217号581頁（資料1判旨【33】））。

② 「自分に万一の事があれば本件全てを実弟にお渡し下さい」と記載された自筆証書遺言が有効とされた例がある（大阪地判平成21年3月23日判時2043号105頁（「万一の事」「本件全て」が不明確であると争われた事案で、判決は自分の執務机の引出しの中に保管していたものを弟に遺贈する趣旨であるとして有効とした））。

③ 相続財産の特定に関連する問題

遺言者の住所をもって表示した「不動産」（住居表示による

「不動産」）を遺贈する旨の遺言は、その住所地にある土地及び建物を一体として遺贈する意思表示と解するのが相当であり、建物のみの遺贈と限定して解することは当を得ないとされた例がある（最判平成13年3月13日集民201号345頁（資料1判旨【32】））。

④ 遺言中、「後相続はＢにさせるつもりなり」「一切の財産はＢにゆずる」の文言を、Ｂに対する遺贈の趣旨と解したのは相当であるとされた例がある（最判昭和30年5月10日民集9巻6号657頁（資料1判旨【34】））。

⑤ 遺言中に、養女Ｄに「後を継す事はできないから離縁したい」の文言を、相続人廃除の趣旨と解したのは相当であるとされた例がある（前掲最判昭和30年5月10日（資料1判旨【34】））。

h 遺言者の遺言能力

遺言者の遺言能力は遺言者の年齢や健康状態などの事情をもとに事案に即して個々に判断されることになる*10。

*10 遺言能力の関連問題の先例は相当数ある。
記憶障害などの認知症が悪化した高齢者（当時90歳）の自筆証書遺言について、遺言能力に欠くとされた事例などである（東京地判平成18年7月25日判時1958号109頁）。

ハ 遺言書の検認手続の確認

遺言書が自筆証書遺言の場合は、その遺言書の保管場所が、法務局による自筆証書遺言書保管制度（遺言書保管法）を利用した自筆証書以外の自筆証書の場合は、保管している者は相続の開始を知った後、遅滞なく家庭裁判所に提出し、その検認を請求しなければならない（民§1004Ⅰ）。

その検認手続がなされているかどうかも確認すべきである。

尚、遺言書で遺言執行者と指定されている者が、生前、その遺言者から自筆証書遺言を預かっていたような場合は、遅滞なく家庭裁判所に検認手続をとらなければならない（民§1004Ⅰ）。

検認を経ない自筆遺言書に基づく相続登記申請は受理されない（法務省民事局平成7年12月4日民三4343号回答）。

又、検認を経ないで遺言を執行した者は5万円以下の過料に処せられる（民§1005）。封印のある遺言書は、家庭裁判所において相続人又はその代理人の立会がなければ、開封することができない（民§1004Ⅲ）*11 *12。

遺言書検認手続は、家事事件手続法別表第1（103）の審判手続で、相続開始地を管轄する家庭裁判所の管轄であり、申立書には、申立人、遺言者、相続人全員の戸籍の全部事項証明書（戸籍謄本）の添付を要する。尚、検認期日に遺言書原本を提出するのが大方の実務の取扱いである（資料2 書式例【22】参照）。

*11　遺言書の形態をみると、①封印のある遺言書と、②封入されているが、封印のない遺言書、③開封された封筒に入っている遺言書、④封筒などに入れず、むき出しにされている遺言書等様々である。

このうち家庭裁判所で開封手続（民§1004Ⅲ）を要するのは①の形態の遺言書だけである。それ以外の形態のものは開封手続は不要である。

イ　このうち、①の封印のある遺言書の「封印のある」とは、「封の押印ある」ということであるから、単に封入れされたものということではない（中川善之助『相続法（法律学全集）』（有斐閣、昭和39年）391頁、新版注釈民法（28）〔泉久雄〕304頁）。

この「封印のある」遺言書の場合は、相続人又はその代理人の立会いのうえ、家庭裁判所においてでなければ開封できない。「封印のある」遺言書の場合は、保管者はまずこの開封手続を要することになる。

ロ 「封印のある遺言書」は封印された封筒に「遺言書」とだけ記載されているだけのものである場合は、その中味は自筆証書遺言に限らず、公正証書遺言の場合もありうる。しかし、それは開封してみないと判別できないのであるから、後日の紛争を避けるため、開封手続（民§1004Ⅲ）をとるべきことになる。

尚、封筒に封印があるが、その封筒の表面には「遺言公正証書」と記載され、かつ公証役場で作った封筒であることが一見してわかるような場合は、「封印のある遺言書」にあたるとしても、家庭裁判所での民法1004条3項の開封手続は不要ではないかとも思われるが、後日の紛争を避けるため、念のため開封手続は行った方がよいと思われる。

ハ ①の封印のある遺言書の開封の結果

(i) 公正証書遺言であった場合は、以後の検認手続は不要となる（民§1004Ⅱ）。

(ii) 自筆証書遺言の場合は、以後の検認手続を要することになる（民§1004Ⅰ）。

ニ ②、③、④の形態で自筆証書遺言の場合は、すべて検認手続を要する（民§1004Ⅰ）。

尚、②の形態の場合は、実際は家庭裁判所で検認の際に開封されることになると思われる。

*12 実務の流れをみると、「開封手続」というのは特別行っておらず、検認手続の中での流れの1つとして行っているようである。開封しただけでは先に進まず、開封の結果、検認を要するものは、開封の後、続けて検認手続に移行しているようである。

② 遺言書保管法の定める保管制度利用の自筆証書の場合の調査

遺言書保管法は、平成30年（2018年）に制定され、令和2年（2020年）7月10日から制度が開始された。

この制度の最大の特徴は、検認の手続（民§1004Ⅰ）が不要であることである（遺言書保管法§11）。

イ 遺言書保管法の定める保管制度利用の自筆証書（以下「遺言書保管制度利用の自筆証書」という）の場合は、自筆証書の原本は、法務局が保管しているので、法務局から「遺言書情報証明書」を入手する必要がある。

ロ 「被相続人から、生前、法務局に遺言書を保管してもらってあると聞かされていたので、自筆証書の原本は手元にない」とか、「遺言書情報証明書を取り寄せていない」というような場合は、遺言書が預けられているのかどうか（遺言書保管事実の存否）の確認や、「遺言書情報証明書」の交付請求をする必要がある。

ハ 遺言書保管事実の存否の確認

a 遺言書の保管場所は、遺言者の住所地、本籍地、または遺言者の所有する不動産の所在地のいずれかを管轄する法務局の遺言書保管所であるが、遺言書保管事実の存否の確認は、全国のどの遺言書保管所でも確認できる。尚、この確認は、遺言者が死亡している場合に限られる。

b その確認方法は、「遺言書保管事実証明書」の交付請求による。

c 交付請求できる者は、相続人、遺言執行者、受遺者等である。

d 請求する場合の必要な書類

i 交付請求書（所定の用紙あり）

ii 遺言者の死亡の事実を確認できる戸籍（除籍）謄本

iii 請求人の住民票

iv 交付手数料（印紙）

e 郵送による交付請求ができる。
その場合は返信封筒と切手を同封のこと。

ニ 遺言書情報証明書の交付請求

法務局に遺言書の保管の事実が確認できた時は、「遺言書情報証明書」の交付請求をする。

a　交付請求は、全国のどの遺言書保管所でもできる。

b　交付請求できる者は、相続人、遺言執行者、受遺者等である。

c　請求する場合の必要な書類

i　交付請求書（所定の用紙あり）

ii　遺言者の出生から死亡時までの全ての戸籍（除籍）謄本

iii　相続人全員の戸籍謄本

iv　相続人全員の住民票（3ヵ月以内のもの）

v　請求人の住民票

vi　交付手数料（印紙）

なお、法定相続情報一覧図（法務局の法定相続情報証明制度を利用した一覧図）（不登規§247）に相続人の住所の記載がある一覧図を添付する場合は、上記のii、iii、ivの書類は省略できる（遺言書保管省令§34Ⅰ①、§33Ⅲ③）。同一覧図に相続人の住所の記載がない場合は、上記のii、iiiの書類は省略できるが、ivの相続人全員の住民票を同一覧図と共に提出する必要がある（同§34Ⅰ②、§33Ⅱ⑤）。

d　郵送による交付請求ができる。

その場合は返信封筒と切手を同封のこと。

ホ　遺言書保管制度利用の遺言書は、自筆証書であるが、検認の手続（民§1004Ⅰ）が不要であるとするものであるから、自筆証書に関する点検事項は、検認手続を除いて、前記①の内容と同じである。

③　公正証書遺言の場合の調査

イ　「被相続人から、生前、遺言公正証書があると聞かされていたが、そのようなものが手元にない」とか、「公正証書遺言の写はあるが原本がない」というような場合には、公正証書遺言の存否の確認や謄本が確保できない。

このような場合、次のような手続により、公正証書遺言の存否の検索や謄本を入手する方法がある。

a　検索手続

(a)　公正証書遺言の存否の検索

平成元年以降作成された全国の遺言公正証書は、1箇所にて集中管理されているので、被相続人が公正証書遺言をしていたかどうか、「検索手続」を利用すればその存否の確認ができる。

但し、検索の対象範囲は、公正証書遺言が平成元年以降作成されたものに限られ、昭和時代に作成されたものは対象にならない（昭和時代のものは、作成したであろうと思われる公証役場に照会して確認するしかないようである）。

(b)　検索手続は、最寄りの公証役場で受け付けてくれる。

(c)　検索手続に必要な書類

i　所定事項を記載した申請書（用紙は公証役場にあり）

ii　被相続人本人の除籍謄本（戸籍全部事項証明書）

iii　検索を求める相続人（申請者）の戸籍謄本（戸籍全部事項証明書）及び被相続人との相続関係がわかる原戸籍等

iv　検索を求める相続人の本人確認ができるもの（運転免許証など）

代理人により検索手続を申請する場合は、上記の他に、

i　依頼相続人からの委任状（実印のもの）及び印鑑証明書

ii　代理人自身の本人確認ができるもの（運転免許証など）

iii　代理人の印

(d)　検索の結果については、公証役場から回答してもらえる。

b　公正証書遺言の謄本交付申請手続

(a)　検索の結果、被相続人が公正証書遺言を作成していたことが判明した場合は、公証役場に謄本の交付申請をすれば交付してもらえる。尚、郵送による謄本交付はしていないようなので、直接公証役場に行く必要がある。

(b)　公正証書遺言の写しはあるが、公正証書遺言の謄本（現物）がない場合には、公証役場に直接謄本交付申請手続をする。その場合、必要な書類は検索手続に必要な書類と同様である。公正証書遺言の写しそのものを併せて持参すればわかりやすい。尚、郵送による謄本交付はしていないようである。

ロ　公正証書遺言の場合は検認手続は不要である（民§1004 II）＊13。

＊13　公正証書における関連問題

① 公正証書遺言において、遺言者が自己の氏名を記載しなかったとしても、公正証書遺言の方式（民§969④）の定める遺言者の署名要件を満たしているとされた事例がある（大阪高判平成21年6月9日判時2060号77頁）。

② 認知症等で入院中の91歳の老人がした公正証書遺言について、遺言者が遺言能力を有していたとは認められず、無効であるとされた事例がある（大阪高判平成19年4月26日判時1979号75頁）。この種の事例は多い。

③ 弁護士が関与して作成された公正証書遺言につき、遺言能力がなく、口授の要件を満たさないとして無効とされた事例がある（東京地判平成20年11月13日判時2032号87頁）。

④　秘密証書遺言の場合の調査

イ　秘密による遺言方式というのは、遺言書そのものの方式ではなく、遺言書の内容を秘密にして保管する方式である。

自筆証書のような遺言証書の作成手続について何も規定していないので、全文自筆でなくてもよく、印刷または印字された書面を使うこともできるし、他人に筆記させることもできる。

ロ　要件は、

a　遺言者が、証書に署名し、印を押すこと

b　遺言者が、その証書を封じ、証書に用いた印章をもって、これに封印すること

c　遺言者が、公証人1人及び証人2人以上の前に封書を提出して、それが自分の遺言書である旨並びに証書を書いた者の氏名及び住所を申述すること

d　公証人が、その証書を提出した日付及び遺言者の申述を封紙に記載した後、遺言者及び証人とともにこれに署名し、印を押すこと

である（民§970）。

ハ　遺言が上記の要件を充たさないため、秘密証書として成立しない場合でも、封入された遺言書が自筆証書の要件を具備していれば、自筆証書遺言としての効力を有する（民§971）。

ニ　この秘密証書遺言は家庭裁判所で開封手続をし、検認手続を受ける必要がある（民§1004Ⅰ・Ⅲ）。

ホ　この遺言書により遺言執行者に指定された場合は、上記ロの要件をチェックすべきである。

尚、遺言の内容・解釈についての調査は自筆証書の場合と同様である。

⑤　特別方式による遺言の場合についても、遺言の内容・解釈については自筆証書の場合と同様である。

⑵　他の遺言書の有無の確認

自筆証書遺言、公正証書遺言等いずれの遺言の場合でも、当該遺言者が他に遺言書を作成している場合もありうるので、他に遺言書があるかどうか、相続人らにその存否の確認をすべきである。他に遺言があった場合、前の遺言と後の遺言で抵触するときは、抵触する部分については、後の遺言で前の遺言を撤回したものとみなされるからである（民§1023）。

⑶　相続人や受遺者に関する氏名等の確認

今後の文書の通知先等のため、相続人や受遺者の氏名・住所等を確認しておく必要がある。

3　遺言執行者就職の受諾・不受諾の通知

⑴　受諾の場合の通知

遺言に指定された遺言執行者が、遺言執行者の就職を受諾し

た時は、遅滞なく、受諾の通知をし、併せて、遺言の内容を相続人に通知しなければならない（民§1007Ⅰ・Ⅱ）

その方法は、後日の紛争を防ぐために、文書で、遺言書の写しをそえて、配達証明付の書留郵便等で送付するのが良策である（資料２書式例【１】参照)。

その通知は、相続人全員（受益相続人も含む）及び受遺者がいる場合には、受遺者全員に対して行うべきである*14 *15。

遺言執行者の就職を承諾した時は、直ちにその職務を行うべきことになる（民§1007Ⅰ）。

＊14　民法1007条2項では、相続人に対して通知しなければならないとし、受遺者への通知は求めていないが、受遺者にとっては、誰に対して履行を求めるかの問題もあるので、遺言執行者に就職したときは相続人、受遺者全員に通知すべきである。

＊15　遺言執行者が、相続人の一部の者に遺言執行者の就職の通知を行わず、遺言の開示もせず、あるいは遅滞なく相続財産目録を作成してそれを交付しなかった例で、弁護士倫理上問題となった事例がある（詳細は後記第10章「遺言執行者と弁護士倫理」参照)。

⑵　不受諾の場合の通知

遺言に指定された遺言執行者が遺言執行者の就職を承諾しない場合は、遅滞なく、その旨、文書で通知すべきである。

その通知も、相続人全員及び受遺者がいる場合には受遺者全員にそれぞれ行うべきである。

この場合も、文書で配達証明付の書留郵便等で行うべきであろう（資料２書式例【２】参照)。

⑶　相続人等からの催告

遺言執行者が、就職の諾否をしない場合は、相続人その他の利害関係人は、遺言執行者に対し、相当の期間を定めて、その期間内に就職を承諾するかどうか確答すべき旨の催告ができる

（民§1008 前段）（資料2 書式例【3】参照）。

催告を受けた遺言執行者は、文書で回答しておくのがよい（資料2 書式例【4】参照）。

その期間内に遺言執行者が相続人に対して確答しないときは、承諾したものとみなすことにされている（民§1008 後段）。

4　遺言執行者の欠格事由

遺言にて遺言執行者に指定されても、その者が未成年者の場合や破産者の場合は遺言執行者となることができない（民§1009）。

5　遺言により指定された者の遺言執行者の就職

遺言執行者の欠格事由にあたらず、遺言執行者の就職の受諾をした段階で、初めて遺言執行者としての任務が開始し、遺言執行者としての権利義務を有することになる（民§1007、§1012Ⅰ）。

第3　家庭裁判所の選任による遺言執行者

1　家庭裁判所による選任

⑴　遺言執行者の存在が必要的な場合（認知、推定相続人の廃除、推定相続人の廃除の取消の場合である）で、遺言執行者がないとき又はなくなったときは、相続人その他の利害関係人の請求により、家庭裁判所は遺言執行者を選任することができる（民§1010）。

①　遺言執行者がないときとは、

イ　遺言執行者の指定又は指定の委託がなかった場合

ロ　遺言執行者が就職を承諾しない場合

ハ　遺言執行者が欠格事由にあたる場合

ニ　指定の委託を受けた第三者が委託を辞したとき

がこれにあたる。

② 遺言執行者がなくなったときとは、

イ　遺言執行者が死亡したとき

ロ　遺言執行者が失踪宣告を受けたとき

ハ　遺言執行者が辞任したとき

ニ　遺言執行者が解任されたとき

ホ　遺言執行者が欠格事由にあたる事由が発生した場合

がこれにあたる。

⑵ この選任の申立は、家事事件手続法別表第1（104）による審判申立で、相続開始地の家庭裁判所の管轄となる（同§209Ⅰ）（資料2 書式例【5】参照）。

⑶ 相続人があるため必ずしも遺言の執行に遺言執行者の存在を必要としない場合でも、遺言執行者の選任の要件が広く解されているようで、相続人、その他の利害関係人の申立があれば、家庭裁判所は遺言執行者の選任をすべきものと解されている（梶村太市「遺産分割・遺言215題」判タ688号418頁）。

2 家庭裁判所から選任された者の遺言執行者の就職

遺言執行者がないとき、又はなくなったときは、相続人又は利害関係人の請求により、家庭裁判所は遺言執行者の選任をするが、家庭裁判所による選任は審判の告知により効力を生ずるので、告知を受けた時から遺言執行者となる（家事手続§74Ⅱ）。

3　家庭裁判所から選任された者の遺言執行者の就職の通知

家庭裁判所から選任されて遺言執行者に就職した場合も、相続人、受遺者全員がそれを知るとは限らないので、遺言執行者は、相続人全員（受益相続人も含む）及び受遺者がいる場合には受遺者全員にその旨通知しておくのがよい（資料２書式例【6】参照）。

第４　遺言執行者の権利義務

1　遺言執行者の権利義務

(1)　遺言執行者は、遺言の内容を実現するため、相続財産の管理、その他遺言の執行に必要な一切の行為をする権利義務を有する（民§1012Ⅰ）。

そして、遺言執行者が、その権限内において、遺言執行者であることを示した行為は、相続人に対して、直接その効力を生ずる（民§1015）。

尚、遺贈の場合は、遺贈の履行は、遺言執行者がある場合は、遺言執行者のみが行うことができる（民§1012Ⅱ）。

具体的にどのような行為が「遺言の執行に必要な行為」にあたるかは各別に検討を要する（遺言執行者の具体的権限については後述の通りである）。

(2)　相続人の処分権の制限

遺言執行者がある場合には、相続人は相続財産の処分その他遺言の執行を妨害するような行為は一切禁止される（民§1013Ⅰ）。

遺言執行者により遺言が適正に執行されるための担保である。

これに違反した行為は無効である（民§1013Ⅱ）。但し、これをもって、善意の第三者に対抗できない（同§1013Ⅱ但書）。

⑶　このため、遺言執行者は、妨害した相続人に対する訴訟の当事者になり、一方、相続人からは遺言執行者を相手にする場合の当事者になったりすることが生じる。具体的には、遺言により執行すべき内容により決することになる（詳細は第9章「遺言執行者と訴訟（当事者適格）」の通りである）。

2　遺言執行者の復任権

⑴　遺言執行者は、個人の人格と技能を頼りにして、遺言者からの指定又は裁判所からの選任がされるのであるから、その任務は、自身によって執行するのが原則である。

しかし、遺言執行者は、遺言で反対の意思を表示された場合以外は、自己の責任で第三者にその任務を行わせることができる（民§1016Ⅰ）。

この場合、遺言執行者は相続人に対し全責任を負う。

第三者に任務を行わせることについて、やむを得ない事由があるときは、遺言執行者は、相続人に対して、その選任及び監督についての責任のみを負う（民§1016Ⅱ）。

⑵　特別の専門的知識を必要とする行為については、適当な専門家に委任するなど、個々の行為について、第三者を遺言執行者自身の代理人として利用することは、遺言執行者の権限にはじめから内在していることで、この場合の第三者は、民法1016条にいう復任者ではない（新版注釈民法（28）〔泉久雄〕367頁参照）。遺言執行者の代理人である。

第2章

遺言執行の開始

第１　遺言執行者の任務の開始

遺言執行者は、就職を承諾した時は、相続人や受遺者に遅滞なく受諾及び遺言の内容を通知し、そして直ちに任務に着手する必要がある（民§1007）。

開始の段階での遺言執行者の任務として、次のようなものがある。

１　相続人の確定

(1)　相続人の確定は、被相続人及び相続人の戸籍関係書類等（戸籍全部事項証明書・戸籍・除籍、原戸籍の謄本等）をもとに確定する。

そのために戸籍関係書類の取り寄せをする必要がある。

尚、住所の確認は、住民票又は戸籍の付票をもとにするのがよい＊1＊2＊3。

＊1　戸籍関係書類の請求をする場合、注意すべきことは、戸籍の改製がなされている場合があるということである。

近年の改製では、

① 昭和32年法務省令27号による改製

② 平成6年法務省令51号による改製

がある（尚、②の改製は、まだ終わっていない自治体もある）。

上記の戸籍の改製によって、新たに戸籍を編製したため、消除された戸籍が「改製原戸籍」であるが、これが通常「原戸籍」といわれるものである。

上記のように、近年に①②の改製があるため、原戸籍の請求の際に「原戸籍」とだけ表示しても、①による原戸籍か、②による原戸籍かわからないとされる場合があるので、①の原戸籍か、②の原戸籍か、①、②双方の原戸籍か、を区別して請求するのがよい。

＊2 住所の確認資料は、戸籍の全部事項証明書（又は戸籍謄本）を請求する際に、併せて、戸籍の付票を請求するとよい。

住民票を請求しても、転居している場合は住民票が取れない場合があるためである。

＊3 被相続人については、除籍謄本又は戸籍の全部事項証明書（又は戸籍謄本）及び住民票の除票又は戸籍の付票を取り寄せる必要がある。

被相続人の除票は相続開始地の証明資料である。

(2) 相続人の範囲を確定するにあたっては、相続関係図を作りながら判断していくとわかりやすい。

相続人の範囲を確定するにあたって、代襲相続が発生している場合や養子縁組がある場合には、相続人の範囲に入るか否かを検討する必要がある＊4。

＊4 相続人の範囲の問題

①イ 被相続人の子が、被相続人の相続開始以前に死亡したとき、又は相続人の欠格事由（民§891）に該当し、若しくは廃除によって相続権を失ったときは、その者の子が代襲する。但し、被相続人の直系卑属でない者はこの限りでない（民§887Ⅱ）。

ロ 代襲者が、被相続人の相続開始以前に死亡し、又は相続人の欠格事由に該当し、若しくは廃除によって、その代襲相続権を失った場合は、代襲者の子が代襲する（民§887Ⅲ）。

子の代襲関係は再代襲まであるのである。

② 被相続人に子がなく、又直系尊属も死亡していて、被相続人の兄弟姉妹が相続人となる場合、相続人となるべき兄弟姉妹が被相続人の相続開始以前に死亡した場合にも代襲相続があるが（民§889Ⅱ）、この場合の代襲相続人の範囲は、兄弟姉妹の子の代までであり、再代襲はない（同§889Ⅱは§887Ⅱを準用しているが、§887Ⅲは準用していない）。

③ 養子は、縁組の日から養親の嫡出子の身分を取得し（民§809）、養親の相続人となるが、縁組前の養子の子は被相続人（養親）の孫ではないので、養子の親を代襲相続することはない。

④ 養子縁組によって自然血族関係は全く影響を受けないので、養子になっても、実親の相続人であることに変わりない。

⑤ 被相続人の子が死亡した後、被相続人がその子の子（孫）と養子縁組をした場合、その孫は、代襲相続人としての身分と、養子としての身分の二重の身分があり、各々相続分の合計を相続することになる。

2 遺贈の場合――受遺者の確定：特定受遺者に対する催告

⑴ 遺贈の場合、受遺者は、遺言者の死亡後、いつでも遺贈の放棄をすることができる （民§986Ⅰ）。

⑵ 遺贈の種類と遺贈の放棄

遺贈には包括遺贈と特定遺贈がある。

① 包括遺贈の場合の包括受遺者は、相続人と同一の権利義務を有するから（民§990）、包括受遺者が遺贈を承認または放棄するについては、相続人の承認・放棄に関する規定（同§915～§940）が適用される。

したがって、包括受遺者は、自己のために包括遺贈があったことを知った時から3ヵ月以内に家庭裁判所に放棄または限定承認の申述をしなければ、単純承認したものとみなされる（民§915、§921②）＊5。

したがって、民法986条1項は包括遺贈には適用がなく、特定遺贈についてのみの適用となる。

＊5　遺言執行者に就職した際、その就職の通知と一緒に、遺言書の写を送付しておけば、包括受遺者の承認の時期は確定できることになる。

② 特定遺贈については、民法986条1項が適用されるので、特定受遺者は、遺言者の死亡後、いつでも遺贈の放棄をすることができるため、特定受遺者が長期間にわたって特定遺贈の承認又は放棄の意思表示をしない場合は、権利関係が確定できないことになる。

そこで、早期に権利関係の確定を図るため、特定受遺者において、遺贈の承認をするか放棄をするか明らかにしていない場合は、特定受遺者の確定のため、遺言執行者は、相当の期間を定めて、特定受遺者に対して、遺贈の承認をするか放棄をするかを、催告する必要がある（民§987前段）。

尚、特定受遺者がその期間内にその意思を表示しないときは、遺贈を承認したものとみなすことになる（民§987後段）。

したがって、遺言執行者は、回答の期間などをはっきりさせておくため、催告書は配達証明書付の内容証明郵便で出しておくべきである（資料2 書式例【11】参照）。

特定受遺者が遺贈を放棄した場合は、遺言者の死亡の時にさかのぼってその効力を生ずることになる（民§986Ⅱ）。

3　相続させる遺言の場合——受益相続人の相続放棄の有無の把握

相続させる遺言の場合、遺言において受益相続人の受諾の意思表示にかからせたなどの特段の事情がない限り、何らの行為を要せずして、被相続人の死亡の時（遺言の効力が生じた時）に、直ちに当該遺産が受益相続人に相続により承継されるが、このような場合においても、受益相続人は、なお相続の放棄の自由を有する（平成3年判決（資料1判旨【1】））。

そして、受益相続人が、所定の相続放棄手続をした時は、さかのぼって当該遺産が受益相続人に相続されなかったことになる（前掲平成3年判決）。

したがって、遺言執行者としては、受益相続人が相続放棄の有無を把握すべきことになる。

4　相続財産の管理

次に遺言執行者として行うべきことは、相続財産の管理と財産目録の作成である。これは、相続させる遺言の場合も、遺贈の場合も同じである。

⑴　相続財産として、どういうものが、どこにあるのか、又、その現況や権利関係などの調査を行うことが必要である。これは遺言執行者が作成する相続財産目録との関係にもつながるものである。

遺言執行者は、相続財産に、現金があるときはその現金を、預貯金債権があるときはその通帳や証券を、株券や貴金属類その他容易に移転されやすい財産があるときはその現物を、相続人等の保管者から預り、自己の管理下に移すべきである。

⑵　遺言執行者としては、この相続財産の把握が一番大変なことがらである。

まず、相続人らから、相続財産について話を聞き、そのうえで調査して管理に移していくのが手っ取り早い。

① 不動産の場合

土地、建物については、いわゆる名寄帳に相当するものとして、被相続人名義の全部の固定資産税関係証明書（固定資産税評価証明書などと表示されているものもある）を取り寄せ、さらに、登記全部事項証明書（登記簿謄本）（未登記の建物の場合については固定資産税関係証明書によることになる）、公図などにより、物件の所在、地目、建物の構造、面積などがわかるので、わりあい調査は容易である。

賃貸借の物件のときは、場合によっては、その権利関係も調査する必要がでてくる。

② 動産の場合

所有関係が明らかな場合はよいが、リース物件などが入り混じっている場合もあるので、それらの調査も必要である。

高価物については遺言執行者が預り保管することが必要となる。

特に、宝石・貴金属類は、遺言執行者は速やかに現物を確保し、管理する必要がある。

確保したものは、場合によっては、遺言執行者の銀行の貸金庫に保管しておくのも１つの方法である。

③ 現金の場合

相続財産として現金がある場合は、それを預り、遺言執行者の預り金口座に入金して保管すべきである。

④ 預貯金債権の場合

この場合は、通帳、カード、銀行印があれば、それを預り保管することが必要である。

通帳等がなく、内容が把握できない場合は、これまで取引をしていた金融機関に照会して、預貯金の存否、口座番号、金額等を確認する必要がある。尚、金融機関への照会に必要な書類は、各金融機関によって異なっているが、

イ　遺言書（遺言執行者の資格証明となる）

ロ　遺言執行者の印鑑証明書（弁護士会発行のものでよい）

ハ　照会書（ロの印を押すこと）

ニ　遺言者の除籍・戸籍・原戸籍謄本（遺言の効力が生じたこと及び相続関係の証明のため）

ホ　遺言者の除票（遺言者の生前の住所確認のため）

がほぼ共通して求められるものなので、準備しておくのがよい。

⑤　株式等の有価証券

証券会社の株式明細書などがある場合はそれを入手する。不明な場合は上記④と同様に照会を行うべきである。

⑥　貸付債権・売掛債権等

残された証書や、それがないような場合は相続人らから聞いたり、帳簿などをもとに調査することになる。証書は預かっておくべきである。

第2　相続財産目録の作成と交付先

1　相続財産目録の作成の目的と機能

⑴　遺言執行者は、遺言の内容を実現するため、相続財産の管理その他遺言の執行に必要な一切の行為をする権利義務を有する（民§1012Ⅰ）。

そして、遺言執行者がある場合は、相続人は相続財産の処分その他遺言の執行を妨げるべき行為をすることができない（民§1013Ⅰ）。

そこで、遺言執行者は、相続人に対し、その管理に属する相続財産の範囲を明らかにする必要がある。

そのため、遺言執行者は遅滞なく相続財産目録を作成して相続人に交付しなければならない（民§1011Ⅰ）。

(2) この相続財産目録は、遺言執行者にとっては、相続財産に対する管理処分権の対象を明確にすることになるが、一方、相続人にとっては、その相続人が遺留分権利者である場合はその行使を決める資料として、あるいは財産の範囲が見落とされていないかどうかのチェック機能などがある。

又、相続人にとっては、相続を承認するか、放棄するかの判断資料にもなる。

2 遺贈の財産目録の作成

民法は、相続財産の目録について、包括遺贈の場合（民§1011）と特定遺贈の場合（民§1014Ⅰ）に分けて規定している。

(1) 包括遺贈の場合の財産目録

① 包括遺贈は、財産の全部の遺贈（以下「全部包括遺贈」という）、又は分数的割合の一部を包括して遺贈（以下「割合的包括遺贈」という）することである。

例えば、「所有する財産全部を包括してAに遺贈する」（全部包括遺贈）、「所有する全財産の３分の２をAに、全財産の３分の１をBに遺贈する」（割合的包括遺贈）などである。

② 包括遺贈の場合、包括受遺者は相続人と同一の権利義務を

有するから（民§990）、遺言者の債務も、遺贈を受けた割合に応じて、一般承継することになる。

③　そこで、包括遺贈の場合の財産目録には、

イ　積極財産

a　不動産（土地、建物）

b　動産類

c　現金

d　預貯金

e　株式等有価証券

f　貸付債権、売掛債権等

g　その他

ロ　消極財産

債務の額

を記載することになる。

そのため、遺言執行者としては相続財産の積極財産だけでなく、消極財産についても調査しなければならないことになる。

尚、財産目録には、作成日付を記し、遺言執行者名の記名押印をしておくべきである（資料２書式例【７】参照）。

④　遺言執行者は、財産目録を作成するにあたり、その正確性を期するために、相続人が立会を請求したときは、その立会のうえで、財産目録を作らなければならない（民§1011Ⅱ前段）。

又、相続人の請求があったときは、公証人に財産目録を作成させなければならない（民§1011Ⅱ後段）。

⑤　尚、遺言の内容のうち財産に関しないものについては、財

産目録に入れる必要がないことは当然である。

(2) 特定遺贈の場合の財産目録

① 特定遺贈は、遺贈の目的物が具体的に特定された遺贈である*6*7。

例えば、「Aに不動産甲を、Bに現金1000万円を遺贈する」などである。

*6 個々の財産を特定しなくとも「不動産全部」というのも特定していると解されている（香川・登記書式解説（一）436頁）。

*7 ある遺贈が、包括遺贈か、特定遺贈か、遺言の文言から分別することが困難な場合は、遺言者の意思解釈を行って、そのいずれかを決することになるが（最判昭和31年9月18日民集10巻9号1160頁）（資料1 判旨【35】）、第一義的には遺言執行者がそれを行うべきことになる。

② 特定遺贈の場合は、包括遺贈と異なり、具体的に特定された財産を受遺するだけであるから、包括遺贈のような債務を含めた全財産を財産目録とする必要はなく、遺贈として特定された財産についてだけ財産目録を作成する（民§1014Ⅰ）*8。

*8 特定遺贈の場合は包括遺贈と異なり、相続債務を負担することはない。しかし、受遺者が相続人の場合は、特定遺贈からではなく、相続人としての立場から相続債務を法定相続分に従って負担することはある。

③ そこで、特定遺贈の財産目録は、特定財産の表示をするだけでよい（不動産であれば、物件の所在地、土地の場合は地目、地積、建物の場合は構造、床面積など、債権の場合はその名称及び関連事項、金銭の場合は金額を表示することになる）（資料2 書式例【8】参照）。

④ 相続人が立会を請求したときや、公証人による財産目録の

作成の請求をしたときについては、包括遺贈の場合と同様である（民§1014Ⅰ、§1011Ⅱ前段及び後段）。

⑤　尚、遺言の内容のうち財産に関しないものについては、財産目録に入れる必要がないことは当然である。

3　相続させる遺言の財産目録の作成

(1)　相続させる遺言の場合の財産目録

相続させる遺言に関しては、民法に直接の規定はないのであるから、財産目録の作成については、財産目録を作成する目的や機能の観点から考えるべきである。

遺言が、相続させる遺言の場合も、遺贈する遺言の場合も、「相続財産の目録」を作る目的・機能は同じであるから、相続させる遺言が包括的な場合は包括遺贈の場合の規定（民§1011）の準用があると解せられる。

又、特定財産に関する相続させる遺言の場合については、特定遺贈の場合の規定（民§1014Ⅰ）の準用があると解せられる。

相続させる遺言が、①包括的ないし割合的遺言の場合、②特定財産についての遺言の場合に分けて考察してみる。

(2)　包括的、割合的相続させる遺言の場合

例えば、

①「Aに財産全部を相続させる」（包括的相続させる遺言の例）

②「Aに全財産の２分の１を、Bに全財産の３分の１を、Cに全財産の６分の１を相続させる」（割合的相続させる遺言の例）

というような遺言の場合である。

この場合、遺言執行者は、積極財産及び消極財産（相続債務）すなわち相続財産全部についての調査を行い、例えば、次のように、積極財産、消極財産全部についての目録を作成しなければならない（民§1011準用）（資料２ 書式例【７】参照）。

イ　積極財産

a　不動産（土地、建物）

b　動産類

c　現金

d　預貯金

e　株式等有価証券

f　貸付債権、売掛債権等

g　その他

ロ　消極財産

債務の額

尚、遺言の内容のうち財産に関しないものについては、財産目録に入れる必要はない。

(3)　特定の財産につき相続させる遺言の場合

例えば、

①「Aに土地甲を相続させる」

②「Aに土地甲を、Bに土地乙を、Cに土地丙を相続させる」

というような遺言である。

特定財産の相続させる遺言の遺言執行者は、遺言の対象となっている財産だけの財産目録を作成すればよい（民§1014 I 準用）。

したがって、①の場合は土地甲について、②の場合は土地甲、乙、丙についてだけの調査を行えばよい。

そして、財産目録は特定財産の表示をするだけでよい（不動産であれば、物件の所在地、土地の場合は地目、地積、建物の場合は構造、床面積など、債権の場合はその名称及び関連事項、金銭の場合は金額を表示することになる）。

遺産に、相続させる遺言の目的物である特定財産以外に、例えば、現金、預貯金、甲、乙、丙以外の土地などの相続財産があっても、それらについては全く遺言の執行に関係がないので、それらについての財産目録を作る必要はない。

債務についても記載を要しない（民§1014 I 準用）（資料２書式例【８】参照）＊9。

＊9　特定財産の相続させる遺言の受益相続人は、特定財産の受益相続人からではなく、相続人という立場から相続債務の負担がある。この場合について前掲平成21年判決（資料１判旨【6】）参照。

⑷　例えば、「Aに土地甲を、Bに現金1000万円を、Cにその他一切の財産を相続させる」というような遺言の場合はどうか。

この場合も、特定財産の相続させる遺言の一例とされる。

「その他一切の財産を相続させる」ということが、特定の財産といえるかという問題があるが、特定遺贈の場合で、個々の財産を指示しなくても不動産全部というようなものも特定遺贈とされるので（香川・登記書式解説（一）436頁）、相続させる遺言でも「その他一切の財産」も特定の財産を相続させる遺言とされるのである。

この場合の相続財産目録はどのようにすべきか。

この場合も、特定財産の相続させる遺言であるから、積極財産について調査し、財産目録を作ることになるが、債務については記載を要しない。

4　財産目録の交付の相手方

遺言執行者は、作成した財産目録を遅滞なく相続人全員に対して交付すべきである（民§1011Ⅰ）。

遺留分を有しない法定相続人に対しても財産目録の交付をしなければならないかという問題があるが、相続人が遺留分を有するか否か、相続させる遺言が個別の財産を相続させるものであるか、全財産を包括的に相続させるものであるか、又、包括遺贈か特定遺贈にかかわらず、相続人に対して等しく交付すべきである*10 *11 *12。

*10　民法1011条1項は、遺言執行者は、遅滞なく、相続財産の目録を作成し、相続人に対して交付しなければならないとあり、相続人が遺留分を有するか否かによって特に区別を設けられているわけではないから、包括遺贈であると特定遺贈であるとにかかわらず等しく適用されると解されている（前掲東京地判平成19年12月3日）（資料1 判旨【37】）。

*11　遺言執行者が、遺言に基づき、推定相続人の廃除の申立をしたとき、廃除の申立の相手方に対して相続財産目録の交付をすべきか否かの問題がある。

① 遺言執行者による廃除の申立があっても、その審判が確定するまでは、廃除の申立の相手方は相続人であるから、遺言執行者は相続財産目録を交付すべきである。

② 廃除の審判が確定した場合は、被廃除者の代襲相続人に交付すべきことになる。

*12　遺留分のない相続人からの財産目録の交付請求に対して遺言執行者が財産目録を交付しなかったことによる懲戒例がある（後記第10章「遺言執行者と弁護士倫理」参照）。

第3章

遺言執行者の具体的職務権限と執行

第1　必要的遺言執行者の執行行為

遺言執行者の存在が必要的で（遺言執行者がいない場合は、家庭裁判所に遺言執行者選任審判の申立をして選任をしてもらう必要がある）、かつ、その遺言執行者による執行行為を必要とする遺言事項は、①認知と②推定相続人の廃除、③推定相続人の廃除の取消の場合である。

この場合の遺言執行者の具体的な職務権限は次の通りである。

1　認知（民§781 Ⅱ）

⑴　認知とは、嫡出でない子を事実上の父又は母が自分の子であることを認め、法律上の親子関係を生じさせる行為である。

嫡出でない子とその父との法律上の親子関係は、父の認知によって生ずる（民§779）。

嫡出でない子とその母との親子関係は、原則として、母の認知をまたず分娩の事実により当然に発生するので（最判昭和37年4月27日民集16巻7号1247頁）、母による認知の問題は少ないものと思われる。

⑵ 認知は遺言によってすることができる（民§781Ⅱ）。

遺言による認知として、①胎児の認知、②未成年の子の認知、③成年の子の認知、④死亡した子の認知がある（民§781、§782、§783）。

⑶ 遺言による認知の場合は、遺言執行者がその届出をしなければならない（戸籍§64）。

その届出をする場合

① 胎児の認知の場合は、胎児の母から胎児を認知することの承諾を得なければならない（民§783Ⅰ）。

② 成年の子の認知の場合は、その成年の承諾を得なければならない（民§782）。

③ 死亡した子を認知する場合は、その直系卑属がある時に限り、その子を認知することができるが、その場合、その直系卑属が成年者であるときは、その承諾を得なければならない（民§783Ⅱ）。

⑷ 遺言執行者の認知の届出は、就職の日から10日以内にしなければならないとされている（戸籍§64）。

その届書の用紙は市町村役場に定型用紙が用意されているので、その書式に従っての届出となる。

その場合、認知に関する遺言の謄本を添付する必要がある（戸籍§64）。

又、認知について承諾を得る者があるときは、その承諾書の添付を要する（戸籍§38Ⅰ）（現実には認知届出書に承諾者の欄があるので、そこに承諾者の署名押印をしてもらうようになる）。

尚、遺言執行者が胎児の認知届をした場合、認知された胎児が死産の場合は、遺言執行者はその事実を知った時から14日以内に、認知届出地で、認知された胎児の死産届出をしなければならない（戸籍§65）。

(5) 認知の遺言は、遺言者の死亡した時に効力を生じ（民§985 Ⅰ）、認知の効力は出生の時にさかのぼって効力を生ずる（同§784本文）。但し、第三者がすでに取得した権利を害することはできない（同§784但書）。

2 推定相続人の廃除 （民§893）

(1) 推定相続人の廃除とは、遺留分を有する推定相続人（相続が開始した場合に相続人となるべき者）が、被相続人に対して、虐待をし、若しくはこれに重大な侮辱を加えたとき、又は推定相続人にその他の著しい非行があったとき、被相続人の請求によって、家庭裁判所がその推定相続人の相続権を剥奪することである（民§892）。

推定相続人廃除の方法は、被相続人が生前に請求する方法（民§892）と遺言でする方法（民§893）とがある。いずれも家庭裁判所の審判事項である（家事手続別表第1（86））。

被相続人が遺言で推定相続人を廃除する意思表示をしたときは、遺言執行者は、その遺言が効力を生じた後、遅滞なく家庭裁判所に推定相続人廃除の請求をしなければならない（民§893）。

(2) **推定相続人の廃除の請求手続**

① 遺言でする推定相続人の廃除請求は、家事事件手続法別表第1（86）の審判事項で、その申立は、相続開始地の家庭裁判所に行う（家事手続§188Ⅰ但書）（資料2書式例【9】参照）。

申立人は遺言執行者で、相手方は遺言にある遺留分を有する推定相続人である。

申立に必要な書類は、

イ　遺言執行者の資格証明書（遺言書の写し又は選任審判書謄本）

ロ　相手方の戸籍の全部事項証明書（戸籍謄本）

ハ　被相続人の戸籍・除籍・原戸籍謄本

ニ　被相続人の除票（相続関係地の確認のため）

ホ　遺言書写し（イで出している場合は、その旨記載すれば省略可）

である。

② 廃除は、遺留分を有する推定相続人の相続人たる資格を失わせる制度であるから、

イ　当初から遺留分を有しない相続人（相続人が兄弟姉妹）

ロ　遺留分を有したが、その後適法に遺留分を放棄した相続人

に対しては廃除を求める利益がない（市川四郎＝野田愛子編『相続の法律相談〔第３版〕』〔柳沢千昭〕（有斐閣、昭和61年）50頁）。

③ 廃除事由は、被相続人に対する虐待、重大な侮辱、推定相続人のその他の著しい非行である。

この廃除事由は、親子間において、推定相続人が被相続人に対する「虐待をし」「重大な侮辱を加え」、推定相続人に「その他の著しい非行」がある（民§892）ということであり、この廃除事由の有無・存否は、単に表面にあらわれた暴言や暴行のみを取り上げて問題にするのではなく、被相続人と相手方である推定相続人間に生じた感情上の対立の原因ま

でさかのぼって、被相続人に対して挑発的態度がなかったか、被相続人に対する侮辱が一時的なものにすぎないかなどを慎重に判断すべきであり、又、推定相続人の行為当時の社会的意識、倫理、相続権、遺留分権の意義との関連で判断すべきことでもある（西原諄「遺産分割・遺言215題」判タ688号36頁）。

これは、夫婦間の離婚原因である「婚姻を継続し難い重大な事由」（民§770Ⅰ⑤）、養親子間の離縁原因とされる「縁組を継続し難い重大な事由」（民§814Ⅰ③）とその趣旨を同じくするから、廃除事由の認定にあたっては、抽象的ではあるが、夫婦ならば離婚が、養親子なら離縁が認められるであろう程度の非行であるか否かを基準とすべきである（中川善之助＝泉久雄編『新版注釈民法（26）相続（1）』〔泉久雄〕（有斐閣、平成4年）325頁）。

そのうえで、具体的事案に則して判断されることになる。

問題は、推定相続人の廃除の遺言があっても、遺言書に具体的な廃除事由が明示されていない場合や、遺言書に非行にあたるとされるものが書いてあっても、具体的事実が明らかでない場合、又、遺言執行者が調査しても非行にあたるとされる事実が特定できない場合や非行にあたる事実とされる程度が弱いような場合にどうするかである。

この場合でも、遺言に廃除の意思が明らかである以上、遺言執行者としては、廃除の申立をして裁判所にその判断を求めるべきである＊1。

＊1　遺留分がゼロの場合はどうするか。
遺留分の算定基礎となる遺産は、被相続人が相続開始の時におい

て有した財産の価額にその贈与した価額を加えた額から、債務の全額を控除して算定するが（民§1043Ⅰ）、被相続人が、相続税対策として、相続財産となるものを担保にして借財して、マンション等を建て、その結果、相続財産がマイナスになる場合が考えられる。

その場合は遺留分はゼロとなるが、この場合でも廃除の遺言がある場合、遺言執行者は廃除の審判申立をすべきなのかという問題がある（廃除は遺留分権・相続権の剥奪であるから、相続財産がマイナスのとき、廃除をする意味があるのかということである）。

しかし、遺留分の算定基礎となる財産・負債について鑑定書などの厳密な資料がない限り、現実に遺留分がゼロという算定は難しいので、遺言執行者としては、廃除申立の時、仮に遺留分がゼロと予想されても、やはり「遺留分を有する相続人」として、廃除の申立をすべきであろう。

④　家庭裁判所は、職権で、事実の調査及び証拠によって廃除事由の存否を確定することになるが、その審判の際は、申立が不適法であるとき又は申立に理由がないことが明らかなときを除き、推定相続人の陳述を審問期日において聴かなければならない（家事手続§188Ⅲ）＊2。

＊2　廃除の審理にあたっては、遺言に廃除事由が特定されていなくとも廃除の意思が明らかである以上、家庭裁判所は職権をもって、広く廃除事由の有無について事実調査及び証拠調をしなければならないと解されている（泉・前掲348頁）。

⑶　推定相続人廃除の請求に対する手続

①　家庭裁判所が申立却下の審判をしたときは、遺言執行者は2週間以内に即時抗告をすることができる（家事手続§188Ⅴ②、§86Ⅰ）。

②　家庭裁判所が推定相続人の廃除の審判をしたときは、廃除された推定相続人は2週間以内に即時抗告をすることができる（家事手続§188Ⅴ①，§86Ⅰ）。

⑷　推定相続人廃除の審判が確定したときは、推定相続人（被廃

除者）は被相続人の死亡の時にさかのぼって相続権が剥奪される（民§893後段）。

この効力は、被廃除者の一身についてのみ生ずるだけであるので、被廃除者の子や孫は、代襲して、被相続人の代襲相続人となる。但し、被相続人の直系卑属でない者はこの限りではない（民§887Ⅱ・Ⅲ）。

⑸ 廃除の審判が確定したときは、遺言執行者は審判確定の日から10日以内に審判書謄本と確定証明書を添付して推定相続人廃除の届出をする（戸籍§97、§63Ⅰ）。

その届出の用紙は市町村役場に定型用紙が用意されているので、その書式に従っての届出となる。

⑹ 推定相続人廃除の審判確定前の遺産の管理

① 遺言執行者が遺言により推定相続人廃除の申立をした場合に、その審判が確定する前に、相続権を失うかもしれない推定相続人が遺産の管理処分あるいは遺産分割に加わった場合、後に廃除審判が確定すると表見相続人だったことになるので、そのような事態を前もって防ぐため、親族、利害関係人、検察官は家庭裁判所に遺産の管理について必要な処分を求めることができる（民§895Ⅰ）。

② 遺言執行者は利害関係人としてこの申立をすることができ、その申立は相続開始地の家庭裁判所に行う（家事手続§189、別表第1（88））。

③ 家庭裁判所は申立を相当と認めるときは、遺産管理人を選任するほか、事案に応じて相続財産の処分禁止などの処分を命ずることができる（民§895Ⅰ）。

④ 家庭裁判所の命ずる相続財産の管理に関する処分には、即

時抗告の規定がないので（家事手続§188Ⅴ参照）、不服申立の方法はない（同§85Ⅰ）。

⑺　相続財産目録の交付との関係

遺言執行者が遺言に基づき、推定相続人の廃除の申立をしたとき、廃除の申立をした相手方に対して相続財産目録の交付をすべきかという問題がある。

①　遺言に廃除の意思表示をされた者は、遺言執行者による廃除の申立があっても、その審判が確定されるまでは相続人であるから、遺言執行者は相続財産目録を交付すべきである。

②　廃除の審判が確定した場合は、被廃除者の代襲相続人に交付すべきことになる。

3　推定相続人の廃除の取消（民§894Ⅱ）

⑴　遺言者が生前、推定相続人の廃除の申立をし、それに対して廃除の審判がなされ確定した後、遺言者がその推定相続人廃除の取消の意思表示を遺言でしたときは、遺言執行者はその遺言が効力を生じた後、遅滞なく家庭裁判所に推定相続人廃除の取消の請求をしなければならない（民§894Ⅱ、§893）。相続人の地位の回復をさせるためである。

⑵　推定相続人廃除の取消の請求手続

推定相続人廃除の取消請求は、家事事件手続法別表第1（87）の審判事項で、その申立は、相続開始地の家庭裁判所に行う（家事手続§188Ⅰ）。

申立人が遺言執行者で、相手方は、遺言にある、すでに廃除者とされている者である（資料2書式例【10】参照）。

申立に必要な書類は、

イ　遺言執行者の資格証明書（遺言書の写し又は選任審判書謄本）

ロ　相手方の戸籍の全部事項証明書（戸籍謄本）

ハ　被相続人の戸籍・除籍・原戸籍謄本

ニ　被相続人の除票

ホ　遺言書写し（イで出している場合は、その旨記載すれば省略可）

である。

⑶　推定相続人廃除の取消の審判は被廃除者に告知されると、その効力が生じ（家事手続§74Ⅱ本文）、被廃除者は被相続人の死亡の時にさかのぼって相続人の地位を回復する（民§894Ⅱ、§893）。

⑷①　推定相続人廃除の取消の審判に対しては、即時抗告の規定がないので（家事手続§188Ⅴ参照）、即時抗告は許されない（同§85Ⅰ）。

②　家庭裁判所が推定相続人廃除の取消の申立に対し、却下の審判をしたときは、遺言執行者は2週間以内に即時抗告をすることができる（家事手続§188Ⅴ②、§86Ⅰ）。

⑸　廃除取消の審判が確定したときは、遺言執行者は審判確定の日から10日以内に審判書謄本と確定証明書を添付して、推定相続人廃除取消の届出をする（戸籍§97、§63Ⅰ）。

第2　任意的遺言執行者の執行行為

遺言の執行を要するが、遺言執行者を存在させるか否かは任意的である場合において、遺言執行者を存在させた場合は、その遺言執行者による執行が必要となる（遺言執行者を存在させない場合は相続人全員による執行となる）。

この遺言事項にあたるものは、①相続させる遺言、②遺贈、③信託の設定、④一般財団法人の設立、⑤祭祀承継者の指定、⑥生命保険金の受取人の変更の場合である。

1　相続させる遺言

この場合については、第4章「相続させる遺言の遺言執行者の具体的職務権限と執行」で詳述する。

2　遺贈

この場合については、第5章「遺贈の遺言執行者の具体的職務権限と執行」で詳述する。

3　信託の設定（信託§2Ⅱ②、§3②）

(1)　信託とは、①委託者が受託者に対して財産の譲渡、担保権の設定、その他の財産の処分をし、②受託者は一定の目的（信託目的）に従い、その財産の管理又は処分及びその他の信託目的達成のために必要な行為をすべきことをいう（信託§2Ⅰ）。

この信託は、委託者と受託者間の信託契約の締結による方法（信託§3①）と遺言による方法（同§3②）などがある（同§3）。

(2)　遺言による信託の設定とは、遺言者が、特定の者（受託者）に対し、財産の譲渡、担保権の設定、その他の財産を処分する旨並びに受託者が一定の目的（信託目的）に従い、財産の管理又は処分及びその他の当該目的の達成のために必要な行為をすべき旨を遺言することである（信託§3②）。

(3) 遺言の信託があるときは、遺言執行者は、受託者として指定された者に対し、期間を定めて信託を引き受けるか否かを催告し（信託§5Ⅰ）、その期間内に確答がない場合は、信託の引受をしなかったとみなされるので（同§5Ⅱ）、裁判所に受託者の選任の申立をすることになる（同§6Ⅰ）。

4 一般財団法人の設立（一般法人§152Ⅱ）

(1) 一般財団法人の設立の意思表示を遺言ですることができる（一般法人§152Ⅱ）。

この場合、遺言に、定款の所定事項（一般法人§153Ⅰ、§154）を定めておく必要がある。

(2) 遺言執行者は、遺言の効力が発生したときは遅滞なく遺言で定めた事項を記載した定款を作成しなければならない（一般法人§152Ⅱ）。

定款は、公証人の認証を受けて（一般法人§155）、定款に記載の財産の拠出の履行をし（同§157）、設立登記をする（同§163）。

尚、遺言での財産拠出となるので、その性質に反しない限り、遺贈に関する規定が準用される（一般法人§158Ⅱ）。

5 祭祀承継者の指定（民§897Ⅰ）

(1) 系譜、祭具及び墳墓などの祭祀財産は相続財産に含まれない（民§897Ⅰ）。

この祭祀財産は慣習に従って祖先の祭祀を主宰すべきものが承継するが、被相続人の指定があるときは、その者が祭祀承継者となる（民§897Ⅰ但書）。

被相続人が指定する方法を定めた規定はないので、被相続人は生前に指定することもできるし、又、遺言で指定することもできる。

(2) 被相続人が遺言によって祭祀承継者を指定したときは、遺言の効力は被相続人の死亡の時から生じ（民§985 I）、指定された者は遺言の効力の発生と同時に祭祀承継者となり、祭祀財産の所有権を承継する（民§897 I 但書）。

(3) 祭祀財産に、墳墓地など不動産がある場合は、指定された祭祀承継者にその所有権移転登記の手続がでてくるが、遺言執行者は、遺贈に準ずる手続によって、祭祀承継者に移転登記をする必要がある。

(4) 祭祀財産にある動産は、遺言執行者は、指定された祭祀承継者に引渡をする必要がある。

6 生命保険金の受取人の変更（保険§44 I）

(1) 生命保険契約者は、保険事故が発生するまでは保険金受取人の変更ができ（保険§43 I）、この変更は遺言によってもすることができる（同§44 I）＊3。

保険金受取人の変更は、保険者に対する意思表示によって行い（保険§43 II）、遺言による保険金の受取人の変更は、その遺言が効力を生じた後、その旨を保険者に通知しなければ保険者に対抗できない（同§44 II）。

＊3 保険法は平成20年6月6日公布、平成22年4月1日施行であるが、保険法施行以前の保険契約は旧商法の適用となる。
旧商法にも保険法と同趣旨の規定（旧商§675、§677など）があった。

(2) そこで、遺言に生命保険金の受取人の変更があったときは、遺言執行者は保険者に対してその通知をしなければならない。

生命保険を締結した場合は、保険者は、保険契約者に対して、保険者、保険契約者、被保険者、保険金受取人、保険事故、保険給付の額、契約締結日等を記載した書面の交付をするので（保険§40）、遺言執行者はこの確認をし、それが確認できない場合は保険者に照会して確認したうえ、保険金受取人の変更の通知を文書で行う＊4。

＊4　受取人変更の通知の文書は各保険会社に所定の文書があるようなので、それを取り寄せて行うことになる。

(3)　被保険者を他人とする生命保険契約は、当該被保険者の同意がなければ効力を生じないが（保険§38）、保険金受取人の変更の場合も、被保険者の同意がなければ効力を生じない（同§45）。

したがって、遺言執行者は、被保険者を他人とする生命保険契約に関する保険金受取人の変更の場合は、被保険者の同意を得る必要がある。

第4章

相続させる遺言の遺言執行者の具体的職務権限と執行

第1　はじめに

⑴　相続させる遺言については、平成30年（2018年）の民法改正において、前掲平成3年判決（資料1 判旨【1】）を、いわば、追認する形で、「特定財産承継遺言」という用語で規定された（民§1014Ⅱ）。

そして、特定財産承継遺言とは、「遺産の分割の方法の指定として遺産に属する特定の財産を共同相続人の1人又は数人に承継させる旨の遺言」をいうのであり（民§1014Ⅱ）、遺産分割の方法を定める事項であるから、遺言で定めることができる（同§908）。

尚、本書では、「特定財産承継遺言」を、実務で一般的に使用されている「相続させる遺言」という用語で表すこととした。

⑵　この遺言事項は、執行行為を要する事項という観点からみると、遺言執行者の存在は必要的ではないが、遺言執行者を置いたときは、遺言執行者による執行行為をすることを要する事項である。

(3)① 相続させる遺言には、包括的相続させる遺言と特定の財産につき相続させる遺言がある。

尚、包括的相続させる遺言には、財産全部を包括的に相続させる遺言と財産全部を割合的に包括的に相続させる遺言がある。

② 平成3年判決は、特定の財産を特定の相続人に相続させる遺言の場合だけではなく、すべての財産を相続人のうちの1人に相続させる遺言の場合にも及ぶと解せられているので（前掲平成21年判決（資料1 判旨【6】）、前掲平成23年判決（資料1 判旨【7】）はそれを前提としての判決である）、(イ)包括的相続させる遺言（割合的包括的に相続させる遺言も含む）の場合及び(ロ)特定の財産の相続させる遺言の場合のいずれの場合も、遺言執行手続は同じと解せられることになる*1。

*1 遺贈の場合は、包括遺贈の場合と特定遺贈の場合とにおいて、不動産等の遺言執行手続において異なる場合がある（後記第5章「遺贈の遺言執行者の具体的職務権限と執行」参照）。

③ したがって、相続させる遺言の遺言執行者の具体的職務権限は、(イ)包括的相続させる遺言の場合も、(ロ)特定の財産の相続させる遺言の場合も、同じであると解せられる。

④ 相続させる遺言は、財産に関する事項にのみ及ぶもので、財産以外の事項には及ばない。

⑤ これらのことを前提として、遺産の内容により、遺言執行者の職務権限の有無及び内容を検討する必要がある。

第２　不動産の相続させる遺言の遺言執行

１　登記手続

⑴　包括的相続させる遺言の場合及び特定の財産を相続させる遺言の場合を含めて、相続人に遺言の目的不動産（以下「当該不動産」という）の所有権移転登記を取得させることは、不動産取引における登記の重要性から、民法1012条１項の「遺言の執行に必要な行為」にあたり、遺言執行者の職務権限に属する（前掲平成11年判決（資料１判旨【４】））。

但し、当該不動産が被相続人名義である限りは、受益相続人が単独で登記申請ができるので（不登§63Ⅱ、旧不登§27）、遺言執行者の職務は顕在化せず、遺言執行者は登記手続をすべき権利も義務も有しない（前掲平成７年判決、前掲平成11年判決（資料１判旨【２】【４】））（資料３関連法規【１】）とされていた。

しかし、平成30年（2018年）の改正民法899条の２第１項では、遺贈や遺産分割と同様に、対抗要件主義を導入し、法定相続分を超える権利の承継については対抗要件を具備していない場合は、第三者に対抗できないとした。

そこで、同改正民法も、相続させる遺言について、遺言執行者は、受益相続人のために、対抗要件を具備する権限を有することを明文化した（民§1014Ⅱ）（堂薗＝野口編著・前掲116頁）。

⑵　したがって、当該不動産が、被相続人名義であっても、遺言執行者は単独で登記手続ができる＊2。

尚、受益相続人も単独で登記手続を行うことができる。

＊2　遺言執行者が登記手続をする場合に必要な書類は次のようなものである（不登§61、不登令§7、別表22、別表30ロ）。

イ　被相続人の戸籍（又は除籍）又は原戸籍謄本

ロ　受益相続人の戸籍の全部事項証明書（戸籍謄本）

ハ　遺言書（遺言書保管制度を利用していない自筆証書遺言の場合は検認を受けたもの）

ニ　受益相続人の住民票

ホ　固定資産評価証明書（登録免許税の算出のため）

ヘ　遺言執行者の資格証明書（遺言書の写しまたは選任審判書謄本。尚ハで遺言書を提出している場合はその旨記載すれば省略可）。

ト　登記申請書

⑶　当該不動産が相続人の１人又は第三者名義に不実の登記がされたような場合など、相続開始後に被相続人から所有権移転登記が経由しているときは、遺言執行者は妨害排除により、登記名義人に対しその抹消登記手続を求めることができる（前掲平成11年判決（資料１判旨【4】））。

さらには、遺言執行者は登記名義人に対し、受益相続人に移転登記を求めることができることになる（前掲平成11年判決（資料１判旨【4】））＊3。

＊3　受益相続人も、登記名義人に対して、所有権移転登記の抹消登記請求等の請求ができる。したがって、遺言執行者の遺言執行と受益相続人の権利行使は、競合しうることになる（前掲平成11年判決（資料１判旨【4】））（尚、後記第9章「遺言執行者と訴訟（当事者適格）」を参照されたい）。

2　当該不動産の管理・引渡

⑴　包括的相続させる遺言の場合及び特定財産を相続させる遺言の場合を問わず、当該不動産を特定の相続人（受益相続人）に相続させる趣旨の遺言をした遺言者の意思は、受益相続人に相

続開始と同時に当該不動産の所有権を取得させることであるから、その占有管理についても受益相続人が相続開始時から所有権に基づき、自らこれを行うことを期待しているのが通常であると考えられるので、遺言執行者は、原則として、当該不動産の管理・引渡義務を負わない。

但し、遺言書に、当該不動産の管理や相続人への引渡を、遺言執行者の職務とする旨の記載があるなど「特段の事情」がある場合は、その義務がある（前掲平成10年判決（資料1 判旨【3】））。

⑵ 尚、配偶者居住権は、相続させる遺言によることはできない。遺贈によることを要するのである（民§1028Ⅰ②）。

したがって、遺言者が配偶者居住権を目的として相続させる遺言をしても、その部分は無効となる。ただこの場合は、配偶者居住権に関する部分については、遺贈の趣旨であると解するのが遺言者の合理的意思に合致するものと考えられる（堂薗＝野口編著・前掲14頁）。

3 農地法上の許可

包括的相続させる遺言及び特定財産を相続させる遺言で、遺言の目的の物件が農地の場合、農地法上の許可はどうなるかという問題がある。農地法では、農地について所有権を移転し、又は地上権等の権利の設定・移転をする場合は、当事者は、原則として、農業委員会の許可を受けなければならないとされているからである（農地§3Ⅰ）。

しかし、相続の場合は、農地法3条1項の農業委員会の許可は不要とされるから、農地が「相続させる遺言」の対象になっている場合も、上記の許可は不要である（資料３関連法規【２】参照）＊４＊５。

＊４　農地法３条は、「権利の設定又は移転」による移動を制限する（移動統制の対象とする）規定であるが、相続は、被相続人の死亡という事実に基づいて生ずる法律上当然の効果であって、その間に権利移転のための行為があるわけではないから、移動統制の対象とならず、したがって、農業委員会の許可は不要である（和田正明＝橘武夫『最新農地法詳解』（学陽書房、昭和45年）66頁、農地§3Ⅰ本文・但書参照）。

＊５　農地法は、３条の許可を求める相手について、変遷があり、初めの頃は知事又は農業委員会であったが、その後農業委員会又は知事となり、平成23年の同法改正からは、農業委員会となった。

第３　動産の相続させる遺言の遺言執行

動産についても包括的相続させる遺言と特定の動産の相続させる遺言がある。

又、特定の動産の相続させる遺言には特定物の相続させる遺言と不特定物を特定したうえでの相続させる遺言がある。

１　普通の動産の相続させる遺言の遺言執行

⑴　動産を相続させる遺言として、例えば

①　絵画、骨董品等、特定物についての相続させる遺言の場合

②　金の延棒５本のうち３本を相続させる遺言などのような不特定物についての相続させる遺言の場合

などがある。

これらについては、引渡作業や不特定物からの特定作業が必

要となるので、民法1012条1項の「遺言執行に必要な行為」にあたり、遺言執行者の職務権限に属すると解すべきである。

⑵ 特定物について、品名を明らかにして相続させる遺言の場合は、その特定物について、遺言執行者は受益相続人に引き渡すべきである。

尚、車については下記2の通り。

⑶ 不特定物の場合は、特定して初めて特定物として引渡の対象となるから、遺言執行者は特定をする作業を要する。

そのうえでの受益相続人に対する引渡となる。

この特定作業では、例えば、金の延棒で品質や重量が異なるような場合は、その品物を鑑定評価して、その価値を把握し、後日、紛争にならないように工夫するところが出てくるものと思われる。

不特定物を特定した場合は、そのことを相続人全員に対して通知をしておくべきである。

不特定物の場合は、上記のように不特定物の中から受益相続人のために特定をし、その引渡をすることが遺言執行者としての行うべき任務となる。

⑷ 大変なのは引渡までの間の動産の管理である。

管理を要するものは、遺言執行者に善管注意義務があるので、管理の期間中はその保管方法等の管理について細心の注意を払う必要がある。

絵画や骨董品等については、場合によっては専門の業者に保管を委託し、金の延棒等については銀行の貸金庫での保管などを考える必要があると思われる。

2　自動車の相続させる遺言の遺言執行

(1)　普通自動車、小型自動車の相続させる遺言の遺言執行

① 自動車のうち、道路運送車両法3条による種別の普通自動車、小型自動車（二輪車を除く）及び大型特殊自動車は、登録しないと運行の用に供することができないので、自動車登録ファイルに登録をすることを要する（同§4）。又、運行の用に供するには、自動車検査証の交付を受け（同§58)、登録番号標の表示をすることを要する（同§19)。

そして、自動車の所有権の得喪は、登録が第三者の対抗要件であり（同§5)、所有者の変更があったときは移転登録をしなければならない（同§13Ⅰ）（資料３関連法規【4】)。

② この登録手続は、登録権利者と登録義務者の共同申請を原則とする（自動車登録令§10)。

しかし、判決による登録、相続その他の一般承継による登録は、登録権利者単独で申請することができる（自動車登録令§11)（資料３関連法規【4】)。

③ したがって、普通自動車、小型自動車の相続させる遺言の場合は、登録を要するが、登記の場合と同様に、被相続人名義であっても、遺言執行者は単独で登録手続ができる（民§1014Ⅱ、§899の2Ⅰ）

尚、受益相続人も単独で登録手続ができる（自動車登録令§11)。

④ 他の相続人又は第三者に登録されたような場合は、登記の場合と同様に、遺言執行者は登録名義人に対し登録抹消等を求めることができる。

⑤　尚、遺言執行者が登録の申請手続に必要な書類は、

イ　受益相続人の戸籍全部事項証明書

ロ　被相続人の除籍、戸籍、原戸籍謄本

ハ　受益相続人の住民票

ニ　遺言書（遺言書保管制度を利用していない自筆証書遺言の場合は検認を受けたもの）

ホ　自動車検査証

ヘ　申請書（所定のものあり）

ト　遺言執行者の資格証明書

などである（自動車登録令§14～§18など）。

他に、

チ　車庫証明書（自動車の保管場所の確認等に関する法律§4）

リ　自賠責の加入（自動車損害賠償保障法§5）

が必要である。

⑥　普通自動車、小型自動車の登録手続の管轄は各地方の運輸支局である。

(2)　軽自動車の相続させる遺言の遺言執行

①　軽自動車については、自動車の登録制度はない（道路運送車両法4条にて自動車の登録の規定を除外している）（資料３関連法規【4】）。

したがって、軽自動車については登録というものはないので、普通の動産扱いとなる。

②　軽自動車を運行の用に供するには、自動車検査証の交付を受け（道路運送車両法§58）、車両番号の指定を受け（同§60）、その車両番号標の表示をすることを要する（同§73）。

そして、自動車検査証の記載事項に変更が生じた場合はそ

の変更手続をすることが必要である（同§67Ⅰ）。

所有者が変わった場合の上記変更手続は、権利の得喪変更のためにあるのではなく、あくまでも行政サイドの「運行の用に供する」面からの変更手続である＊6。

所有者の変更があった場合は「自動車検査証記入申請書」にて申請を行う。

この申請は事後的な届出書的性格のもので、所有者と旧所有者の共同申請の形をとっている。

相続により所有者の変更が生じた場合は、旧所有者はいないので、代わりに戸籍等相続関係書類を添付して相続人が単独でこの申請ができるという取扱い運用がなされている。

＊6　道路運送車両法には、軽自動車について、権利の得喪変更について全く規定せず、車両の運行についてのみ規定しているのは、同法が制定された当時、軽自動車については財産的価値をあまり考えていなかったようで、そのまま現在に至っているようである。

③　軽自動車に関しては、道路運送車両法第5章の2の規定により設立された法人である「軽自動車検査協会」が一切の事務取扱いをしている（同§76の2）。

④　軽自動車検査協会に、軽自動車の相続させる遺言の場合の遺言執行手続について照会したところ、同協会では軽自動車に関する遺言執行を取り扱った先例はこれまでないとの回答であった。

そのうえで、同協会は、断定した回答はできないが、「相続させる遺言」の場合は、普通自動車の相続と同様の取扱いになるのではないかとのことであった。

その場合、必要とされる書類は、

イ　前記「自動車検査証記入申請書」(所定のものあり)

ロ　添付書類として、

a　戸籍関係等相続関係書類

b　遺言書（遺言書保管制度を利用していない自筆証書遺言の場合は検認を受けたもの）

c　自動車検査証

d　受益相続人の住民票

e　遺言執行者の資格証明書

などであろうということである。

他にｆ　自賠責の加入（自動車損害賠償保障法§5）も必要である。

⑤　軽自動車の場合、車庫証明は、前記申請をして自動車検査証が変更されてから、警察へ届け出るということになり、事後的な手続である（自動車の保管場所の確認等に関する法律§5)。

⑥　軽自動車に関する取扱いは、一切を「軽自動車検査協会」の各地方の支部で行う（道路運送車両法§76の27）(各地方の運輸支局では取り扱わない)。

第4　債権の相続させる遺言の遺言執行

1　預貯金債権

預貯金債権を相続させる遺言の場合、遺言執行者が当然に預貯金の払戻しができるのかについては、明文の規定がなかったため、これまで遺言執行者と金融機関との間で、トラブルがおきていた*7 *8 *9 *10 *11。

そこで、平成30年（2018年）の民法改正において、原則として、遺言執行者に、預貯金の払戻しや預貯金の解約の申入れをする権限があることを、規定上明確にした（民§1014Ⅲ・Ⅳ）。

但し、解約の申入れについては、その預貯金債権の全部が相続させる遺言の目的となっている場合に限定している（民§1014Ⅲ但書）（堂薗＝野口編著・前掲118頁）。

*7　預金債権に関するこれまでの銀行実務の状況

① 金銭債権は可分債権であるから、相続により当然に分割されるので、各共同相続人は相続分の割合に応じて債権者となり、単独で債権を処分し、請求できるとするのが判例であった（最判平成16年4月20日集民214号13頁）。

この判例からすれば、共同相続人の1人は、自己の法定相続分の限度で、銀行に対して、単独で預金の払戻請求をすることができ、銀行は、相続が開始され遺産分割が未了であること、払戻請求者が預金者の相続人であることの確認をし、その相続分の限度で払戻すれば、その限度で免責されることになるはずである。

② ところが、銀行の実務は、判例とは全く異なった取扱をしていた。

イ　銀行の対応は、共同相続人全員の払戻請求があるときには共同相続人全員に払戻を行うが、共同相続人の一部の相続人からの単独の払戻請求には、原則として、法定相続分についても応じていなかった。単独請求を容認することによって、銀行が相続人間のトラブルに巻き込まれるのを避けるためであるというのである（関沢正彦「相続預金の払戻しと弁護士業務」金融法務事情1339号（平成4年）19頁）。尚、銀行として、預金の払戻に応じなくても、自らの腹を痛めないという経済感覚もあるようである（関沢・前掲22頁）（そこで、普通預金の場合は内容証明郵便で支払の督促をしておけば、支払を遅滞したときは、法定利率による遅延損害金が発生し、普通預金の利率よりも法定利率の方が高いから、銀行に対しては支払を促す1つの手段と考えられ、それを用いて対抗した）。

ロ　銀行が問題として考えている点は、次のような事情により、法定相続分や相続する額の変動がありうるからであるとする。

a　相続開始後に、

(a)　認知された者が出た場合

(b)　胎児がいた場合

(c)　相続放棄をする者が出た場合

(d)　相続欠格者が出た場合

b (a)　特別受益者がいる場合

(b)　寄与分を有する者がいる場合

c (a)　遺言で相続分の指定がなされていた場合

(b)　遺贈がなされている場合

d　判例の立場であれば、本来は預金債権は遺産分割の対象になり得ないはずなのに、預金も遺産分割の対象として家庭裁判所が扱っているので、法定相続分とは別に、誰か１人が当該預金を取得するという形の遺産分割が後日なされる可能性がある

e　相続人の中には、銀行が共同相続人の一部の者の払戻請求に応じないということを信頼して行動している者もある

これらのことから銀行では支払をしていないというのであった（関沢・前掲 19 頁）。

③　そこで、銀行実務では、各銀行ごとに独自のマニュアルのようなものを作っていて、それを相続人らに要求しているのが実態であった。

＊8　銀行実務では、遺言執行者がいる場合は、遺言執行者により、名義書換ないし払戻手続が行われ、相続人は個別の払戻はできないとしてきた。そして、当該預金の名義書換ないし払戻手続が、遺言執行者の権限に属するかどうかの問題があり、遺言執行者にそれらの権限があることが確認できる場合は、他の相続人の同意は不要で、遺言執行者の権限に応じた処理になるが、権限が明確でない場合は、遺言執行者及び全相続人の連署のもとでの処理とされていたようである（関沢・前掲 21 頁）。

＊9　遺言執行者がいても、金融機関が遺言執行者の払戻請求に応じなかったので、訴訟になった事例がある。

裁判所は、いずれも金融機関に対して支払を命じているが、その

訴訟において、金融機関の不払は、不法行為か、債務不履行か、が争点となった。

① 不法行為とした事例

公正証書遺言による「遺贈」の場合で、遺言執行者に指定されたAが、払戻請求をしたところ、金融機関甲が、公正証書による遺言にもかかわらず、公正証書の成立の真正に疑義があるとの理由でこれに応じなかった。

そのため、遺言執行者Aは弁護士Bに依頼し、代理人Bが金融機関甲に対し取立訴訟を提起し、払戻請求金について全額勝訴（その訴訟では遅延損害金は求めていない）となり、これにより甲は、全額、Aに支払った。

その後、遺言執行者Aは、甲の違法な支払拒絶により損害を被ったとして、甲に対して、弁護士Bに支払った弁護士費用並びにAが甲に払戻請求をした日の翌日から払戻を受けた日までの間の払戻請求額に対する年5分の割合による遅延損害金及び慰藉料を求めた。

これに対し裁判所は、甲の不法行為を認め、慰藉料を除いて、弁護士費用に相当する損害賠償及び預金払戻請求の日の翌日から払い戻した日までの間の払戻額に対する年5分の遅延損害金の支払を認容した（さいたま地熊谷支判平成13年6月20日判時1761号87頁（資料1判旨【38】））。

② 債務不履行とした事例

自筆証書による「相続させる遺言」で、遺言執行者に指定されたAが金融機関甲に払戻請求をしたところ、甲は遺言執行者に預金払戻権があるかどうか明確でないので、二重払の危険があるためとの理由で支払を拒絶した。

そこで、Aは、甲に対し、(イ)第1次請求として、不法行為に基づき、預金全額及び弁護士費用並びにこれに対する払戻請求の翌日から民法所定の年5分の遅延損害金を、(ロ)第2次請求として、債務不履行として、預金全額及びこれに対する払戻請求の翌日から商事法所定の年6分の遅延損害金を請求した。

これに対して、裁判所は、(ロ)の第2次請求を認め、預金債権全額及びこれに対する債務不履行（履行遅滞）に基づく損害賠償として年6分の遅延損害金を認めたが、不法行為は認めなかった

（東京地判平成24年1月25日判時2147号66頁（資料1 判旨【39】））。

＊10　遺産分割の観点からみた金銭と金銭債権の取扱の違い

① 金銭すなわち現金は、当然遺産分割の対象となり、共同相続の場合、相続人は遺産の分割までの間は、相続財産として保管している他の相続人に対して、自己の相続分に相当する支払を求めることはできない（最判平成4年4月10日集民164号285頁）。

② 一方、金銭債権すなわち預金債権など金銭請求権は、可分債権であるから、相続開始とともに当然分割されるとされていたので（前掲最判平成16年4月20日）、遺産分割の対象にはならないことになる。

したがって、金銭債権の場合は前記＊7①のように、各共同相続人は、相続分の割合に応じて債権者となり、単独で債権を処分し、請求できることになるが、現実には金融機関の実務との関係では、前記＊7②の問題が出ていたのである。しかし、この判例は＊11の通り変更となった。

＊11　金銭債権の取扱いに関する最高裁の判例変更

最高裁は「共同相続された普通預金債権、通常貯金債権及び定期貯金債権は、いずれも、相続開始と同時に当然に相続分に応じて分割されることはなく、遺産分割の対象となる」とし、前掲最判平成16年4月20日等の判例を変更した（最決平成28年12月19日民集70巻8号2121頁（資料1 判旨【40】））。

加えて、民法1014条3項に遺言執行者の権限も明記されたので、上記＊7～＊9のような混乱は解消されるものと思われる。

2　銀行の対応

預貯金債権のうち、ゆうちょ銀行を除く銀行預金と、ゆうちょ銀行の貯金とは、取扱が全く異なるので、分けて考える必要がある。

(1)　銀行の対応（ゆうちょ銀行を除く）

（ゆうちょ銀行については後記(2)の通り）

① 各金融機関は、それぞれがマニュアルのようなものを作っ

ていて、それに基づいて対応しているのが実情である。

金融機関の最近の相続関係の手続の案内書等をみると、遺言執行者に対し、各金融機関ともほぼ共通して、次のような書類を求めてくる。

イ　遺言執行者の印鑑証明書（弁護士会発行の印鑑証明書でよい）

ロ「相続手続依頼」とか「相続届」等、各金融機関の定型の書類に、遺言執行者として住所・氏名を書き、上記遺言執行者の実印を押した書類

尚、払戻金の受取方法（振込口座名、口座番号など）についての記載欄もあるので、それに記入する。

ハ　遺言書（原本）（使用後、すみやかに返却してもらうようにする）

遺言書保管制度を利用していない自筆証書遺言の場合は検認調書をつける。

ニ　預金通帳（現物）（ない場合は、それをロの書類に記載）

ホ　戸籍・除籍謄本一式（原本）（返却を希望すると返却してくれる）

ヘ　家庭裁判所からの選任の場合は遺言執行者選任の審判書

現実には、事前に金融機関に問い合わせると、必要書類等についての書面が送られてくるので、それによることになる。

② 払戻手続や名義書換手続は必要書類が調っていれば、郵送により手続できる（金融機関によっては、各支店では取り扱わず「相続センター」のようなところがあって、そこで一括して処

理しているところもある）。

⑵　ゆうちょ銀行の対応

ゆうちょ銀行での貯金債権の払戻請求手続及び国債の名義書換手続は、独特で、おおむね次のようになっている。

尚、事前に次のものを準備しておくとよい。

イ　遺言執行者の印鑑証明書（弁護士会発行の印鑑証明書でよい）

ロ　遺言書（原本）

遺言書保管制度を利用していない自筆証書遺言の場合は検認調書をつける。

ハ　貯金通帳類（現物）

ニ　戸籍・除籍謄本一式（原本）

ホ　家庭裁判所からの選任の場合は遺言執行者選任の審判書

①　事前に、最寄りのゆうちょ銀行で、相続手続の関係書類を請求すると、

イ　「貯金等の相続手続の流れ」と題する文書を渡される。

その中にある「相続確認表」が初めに必要となる文書である。

ロ　貯金等の預入の有無や貯金通帳等の記号番号が不明の場合は「貯金照会書兼回答書」という書類を請求する。

尚、この照会は、通常貯金、定額貯金、定期貯金、国債、投資信託、積立貯金等に関しての預入の有無や、貯金通帳の記号番号に関して、調査期間を指定して照会できるし、調査日現在（○年○月○日現在の分）を指定して照会できる。

ハ　又、貯金入出金（いわゆる取引履歴）についても照会

できる。

この場合は「貯金入出金照会請求書」という書類があるので、それを請求する。

② 遺言執行者は、最寄りのゆうちょ銀行に、次の書類を持参して出頭する必要がある（郵送による提出を認めていない）。

イ 前記の「相続確認表」に所定の事項を記載したもの

ロ 遺言執行者本人確認の身分を証明するもの

尚、前記①ロ、ハの照会をする場合は、「貯金照会書兼回答書」や「貯金入出金照会請求書」を提出する。その際、遺言書（原本）、戸籍関係の書類、遺言執行者の印鑑証明書が求められる。照会手続は有料である。

上記書類を提出すると、受付店が、同書類一式を貯金事務センターに送付する。

③ 後日、「ゆうちょ銀行○○貯金事務センター」から、受付番号が記載された「相続に関する必要書類のご案内」と題する書面や「必要書類一覧表」が郵送されてくる。照会に対する回答書は別に送られてくる。

④ 遺言執行者は、②の受付をしたゆうちょ銀行の窓口に、

イ 払戻請求の場合は「貯金証書払請求書」、国債等の名義書換の場合は「国債等相続手続請求書」等に所定事項を記載した書面

ロ 遺言書、戸籍謄本、通帳等必要とされる書類

を持参して出頭する（この時、本人確認のため身分を証明するものの提示を求められる）。

尚、遺言執行者が相続人の場合は、他に「貯金等相続手続請求書」等の提出を求められる。

郵便局の受付窓口は上記書類を受け取ると、受付店が貯金事務センターに送付する。

⑤　遺言執行者が申請した手続が完了すると、貯金事務センターから「相続手続完了のお知らせ」と一緒に、例えば、払戻請求の場合は「貯金払戻証書」、国債等の名義書換のときは「国債等振替口座加入通帳」、その他こちらに返還すべきものを郵送してくる。

「貯金払戻証書」は払戻金額が記載された証券で、これをゆうちょ銀行に持参すれば、その場で現金化される。その際、本人確認のため身分を証明するものが必要である。

又、高額な場合は事前に連絡して現金を用意しておいてもらうのがよい。

3　株式等の名義書換

株式等の名義書換手続も、「遺言執行に必要な行為」にあたり、遺言執行者の権限に属する（民§1012 I、最判昭和44年6月26日民集23巻7号1175頁）。

上場されている会社の株式等の名義書換は、委託されている株主名簿管理人（会社§123）等が行っているが、その名簿管理人には信託銀行等の金融機関がなっているのが実情である。

そのため、株式等の名義書換について必要な書類は、預金債権の払戻手続の場合とほぼ同様で次のようなものである。

①　遺言執行者の印鑑証明書（弁護士会発行の印鑑証明書でよい）

②　「相続手続依頼」とか「相続届」等、各金融機関の定型の書類に、遺言執行者として住所・氏名を書き、上記遺言執行者の実印を押した書類

③　遺言書（原本）（使用後、すみやかに返却してもらうようにする）

遺言書保管制度を利用していない自筆証書遺言の場合は検認調書をつける。

④　戸籍・除籍謄本一式（原本）（返却を希望すると返却してくれる）

⑤　家庭裁判所からの選任の場合は遺言執行者選任の審判書

現実には、事前に金融機関に問い合わせると、必要書類等についての書面が送られてくるので、それによることになる。

4　その他の貸付債権等の債権

(1)　対抗要件の具備

貸付債権、売掛債権等の債権については、相続の場合は、一般承継であるから、対抗要件の問題はなく、したがって、相続させる遺言の場合、遺言執行者は、対抗要件の具備は必要がないとされていた。

しかし、民法の改正により、債権の場合においても、法定相続分を超える権利の承継については対抗要件を備えなければ、第三者に対抗できないとされ（§899の2Ⅰ）、遺言執行者は、相続人のために、対抗要件を具備する権限を有するとした（§1014Ⅱ）。

債権承継の対抗要件として必要な通知又は承諾は、確定日付ある証書によってしなければ、債務者以外の第三者に対抗できないので（民§467Ⅱ）、遺言執行者は、債務者に対して、配達証明付の内容証明郵便など確定日付を具備できる方法により、受益相続人が相続により債権を承継した旨を通知すべきである。その文例は、資料２書式例【25】。

⑵ **債権の回収**

貸付債権で返還期限が到来している場合や、売掛債権で支払期限が到来している場合などで、その債権回収が遺言の内容となっている場合は、遺言の内容を実現するため、遺言執行者は、債務者らに対し債権回収手続を行うことができる（民§1012Ⅰ）。

第５　借地権の相続させる遺言の遺言執行

⑴① 借地上の建物を相続させる遺言の場合、借地上の建物は借地権を伴うので、借地権の相続の問題が発生する。

そこで、この場合に、土地の賃貸人の承諾（民§612）が必要かという問題がでてくる。

② 又、更地の借地権を相続させる遺言の場合も、土地の賃貸人の承諾が必要かという問題がでてくる。

⑵ 借地権について、一般承継である相続の場合は、賃貸人の承諾は不要であるから、相続させる遺言の場合も、賃貸人の承諾は不要である。

したがって、遺言執行者として、特段の執行の必要はない。

⑶ 尚、遺言により受益相続人が相続したことを明らかにしておくために、賃貸人に対して、遺言執行者から、その旨を通知しておくのも１つの方法であろう（その後の受益相続人と賃貸人間のトラブルを防ぐことになると思われる）。

第5章

遺贈の遺言執行者の具体的職務権限と執行

第1　はじめに

⑴　遺贈の場合も、遺言執行者の権限の内容はどういうものか、という実体法上の領域での問題点が十分解明されていないようなので、具体的な内容を類型化したうえで、各類型ごとに遺言執行者の権限を明らかにしていく必要がある（野山宏・最判解説平成10年217頁）（尚、遺言執行者の当事者適格の問題もこの遺言執行者の権限にからむ問題である。同書217頁）。

⑵　遺贈（民§964）の遺言事項は、執行行為を要する事項との観点からみると、遺言執行者の存在は必要的ではないが、遺言執行者を置いたときは遺言執行者による執行行為を要する事項である。

遺贈で遺言執行者がある場合は、遺言執行は遺言執行者のみが行うことができるのである（民§1012Ⅱ）

⑶　遺贈には、包括遺贈と特定遺贈がある（民§964）。

尚、包括遺贈には、全部包括遺贈と割合的包括遺贈（分数的割合の遺贈）がある。

⑷　遺贈は、財産に関する事項にのみ及ぶもので、財産以外の事項には及ばない。

⑸　これらのことを前提として、遺産の内容により、遺言執行者の職務権限の有無及び内容を検討する必要がある。

第2　不動産の遺贈の遺言執行

1　登記手続

⑴　包括遺贈の場合

①　包括遺贈の登記手続は、受遺者と遺言執行者の共同申請になる（不登§60、香川・登記書式解説（一）443頁）（資料3 関連法規【1】）。

この面で遺言執行者の職務権限・義務が生ずる。

この場合の登記原因は遺贈である。

包括遺贈の場合でも、受遺者の単独申請による登記手続はできない（法務省民事局昭和33年4月28日民甲779号通達、登記先例要旨録113頁359）。

②　例えば、

イ　相続人の1人に対する包括遺贈の場合（同昭和48年12月11日民三8859号回答、登記先例要旨録114頁365）

ロ　第三者に対する包括遺贈の場合

ハ　法定相続人と相続人でない者を共に受遺者とする包括遺贈の場合（同昭和58年3月2日民三1310号回答、登記先例要旨録115頁368）

などは、遺贈を登記原因とし、遺言執行者と受遺者の共同申請になる（不登§60）。

③　しかし、被相続人が、相続人全員に対して、相続財産の全部を包括遺贈する旨の遺言で、遺言執行者としてXが指定されている場合、「遺贈する」とあっても登記原因は遺贈ではなく、「相続」が登記原因となる（同昭和38年11月20日民甲3119号回答、登記先例要旨録114頁363）。

そして、遺言執行者がある場合は、遺贈の執行は遺言執行者のみが行うことができるので（民§1012Ⅱ）、この場合は、遺言執行者が相続登記として、単独申請ができる（不登§63Ⅱ）。

尚、民§1012Ⅱの「遺贈」は、包括遺贈も特定遺贈も含まれるとされる（堂薗＝野口編著・前掲114頁）。

④　包括遺贈の遺言執行者は、遺言者が生前に売却した不動産の所有権移転登記申請ができるかという問題があるが、これについて、遺言書の中に代理権の記載がない限り、遺言執行者は権限外の処分行為にあたるので、できないとするのが先例である（同昭和56年9月8日民三5484号回答、登記先例要旨録115頁366）。

⑤　遺言執行者が受遺者と共同申請する場合の必要な書類は次のようなものである。

イ　遺言者の戸籍・除籍・原戸籍謄本（不登§61、不登令別表30イ）

ロ　遺言書（同上）（遺言書保管制度を利用していない自筆証書遺言の場合は検認を受けたもの）

ハ　登記識別情報（登記済証）（不登§22）

ニ　遺言執行者の印鑑証明書（不登令§18、不登規§49Ⅱ④）

ホ　受遺者の住民票（不登令別表30ロ）

ヘ　固定資産評価証明書

ト　遺言執行者の資格証明書

a　家庭裁判所の選任のときは家庭裁判所の審判書謄本

b　遺言による指定の場合は上記ロの遺言書でよい

(2)　特定遺贈の場合

①　特定遺贈の場合も、その登記手続は、受遺者と遺言執行者の共同申請になる（不登§60、香川・登記書式解説（一）443頁）（資料３関連法規【1】）。

この面で、遺言執行者の職務権限、義務が生じる（民§1012Ⅱ）。

この場合の登記原因は遺贈である。

②　相続人の全員に対して、各別に、「後記物件を遺贈する」旨の特定遺贈の遺言（例えば、全相続人が３人で、Aには後記物件甲を、Bには後記物件乙を、Cには後記物件丙を遺贈する旨の特定遺贈の遺言）がなされたときは、登記手続は、遺言執行者と各受遺者の共同申請となり、登記原因は遺贈となる（同昭和58年10月17日民三5987号回答、登記先例要旨録115頁370）＊1。

＊1　相続人全員に対して「相続財産の全部」を包括遺贈した場合は、前記(1)③の通り、登記原因が「相続」となる。

③　遺言執行者が受遺者と共同申請する場合の必要な書類は、包括遺贈の場合と同様である（前記(1)⑤を参照されたい）。

2　当該不動産の管理・引渡

(1)　遺言執行者は、包括遺贈の場合も、特定遺贈の場合も、相続させる遺言の場合と同様に、原則として、当該不動産の管理・引渡義務を負わない＊2＊3＊4。

但し、遺言書に当該不動産の管理や引渡を遺言執行者の職務とする旨の記載があるなど「特段の事情」がある場合はその義務がある。

＊2　前掲平成10年判決（資料1判旨【3】）が「相続させる遺言」の場合の不動産の管理、引渡に関して、遺言者の意思は、受益相続人に、相続開始と同時に当該不動産の所有権を取得させ、その占有管理についても相続開始時から所有権に基づき自らこれを行うことを期待しているというのは、不動産の「特定遺贈」についてもあてはまると解される（野山・前掲233頁）。

＊3　又、包括遺贈は、相続としての承継と同視できるのであるから、相続させる遺言についての前掲平成10年判決の理があてはまることになる。

＊4　したがって、当該不動産の管理・引渡については、特定遺贈の場合も、包括遺贈の場合も、相続させる遺言の場合と同様となる。

⑵　尚、配偶者居住権は、遺贈によることを要するので（民§1028Ⅰ②）、遺言で配偶者居住権が遺贈されることがある。

この場合、当該建物については、すでに配偶者が居住しているのであるから（民§1028Ⅰ）、遺言執行者による管理・引渡義務は生じない。

3　農地法上の許可

遺贈の目的物件（以下「当該不動産」という）が農地の場合、農地法上の許可はどうなるかという問題がある。

農地法では、農地について所有権を移転し、又は地上権等の権利の設定・移転をする場合は、当事者は原則として農業委員会の許可を受けなければならないとされているからである（同§3

Ⅰ）＊5。

遺贈の場合で、当該不動産が農地の場合、農地法３条の許可については、包括遺贈の場合と特定遺贈の場合について分けて考える必要がある。

＊5　農地法３条の許可を求める相手は、変遷があり、平成23年の法改正以降は、農業委員会である（詳細は第４章「相続させる遺言の遺言執行者の具体的職務権限と執行」第２の３＊５を参照されたい）。

⑴　包括遺贈の場合

当該不動産が農地の場合の包括遺贈は、包括受遺者が、相続人であると、相続人以外の第三者であるとを問わず、農業委員会の許可は不要である（農地§３Ⅰ⑯、農地施規§15⑤）（資料３関連法規【２】）。

⑵　特定遺贈の場合

当該不動産が農地の場合の特定遺贈は、受遺者が相続人か否かによって異なる。

①　受遺者が相続人の場合の特定遺贈は、農業委員会の許可は不要である（農地§３Ⅰ⑯、農地施規§15⑤）（資料３関連法規【２】）。

②　受遺者が相続人以外の第三者の場合の特定遺贈は、農業委員会の許可を必要とするので（農地§３Ⅰ）、遺言執行者と受遺者が共同して農業委員会に対して農地法３条の申請手続をすることを要する。

第3　動産の遺贈の遺言執行

1　普通の動産の遺贈の遺言執行

⑴　動産の場合も包括遺贈と特定遺贈がある。

又、特定遺贈については特定物の特定遺贈と不特定物の特定遺贈がある。

⑵　動産については、相続させる遺言の場合と同様に、例えば、

①　絵画、骨董品等、特定物についての遺贈の場合

②　金の延棒5本のうち、3本を遺贈するなどのような不特定物についての遺贈の場合

などがある。

これらについては、引渡作業や不特定物からの特定作業が必要となるので、民法1012条1項の「遺言執行に必要な行為」にあたり、遺言執行者の職務権限に属すると解すべきである。

⑶　特定物についての遺贈、不特定物の遺贈についての執行は、相続させる遺言の動産の執行の場合と同様であるので、第4章「相続させる遺言の遺言執行者の具体的職務権限と執行」第3の1を参照されたい。

2　自動車の遺贈の遺言執行

⑴　普通自動車、小型自動車の遺贈の場合の遺言執行

①　自動車のうち、道路運送車両法3条による種別の普通自動車、小型自動車（二輪車を除く）及び大型特殊自動車は、登録しないと運行の用に供することができないので、自動車登

録ファイルに登録をすることを要する（同§4)。そして、自動車の所有権の得喪は登録が第三者の対抗要件である（同§5)。

② この登録手続は、登録権利者と登録義務者の共同申請を原則とする（自動車登録令§10）（資料３関連法規【4】)。

したがって、遺贈の登記の場合と同様に、登録手続は受遺者と遺言執行者の共同申請となる。

③ この場合手続に必要な書類は、

イ 受遺者の戸籍全部事項証明書

ロ 遺言者の除籍、戸籍、原戸籍謄本

ハ 遺言執行者及び受遺者の印鑑証明書

ニ 受遺者の住民票

ホ 遺言書（遺言書保管制度を利用していない自筆証書遺言の場合は検認を受けたもの）

ヘ 自動車検査証

ト 遺言執行者の資格証明書

a 家庭裁判所の選任によるときは家庭裁判所の審判書謄本

b 遺言による指定の場合は上記ホの遺言書でよい

チ 申請書（所定のものあり）（受遺者と遺言執行者の共同申請）

などである（自動車登録令§14～§18など)。

他に、リ車庫証明書が必要である（自動車の保管場所の確認等に関する法律§4)。

又、ヌ自賠責の加入（自動車損害賠償保障法§5）が必要である。

④　この登録手続の管轄は各地方の運輸支局である。

(2) 軽自動車の場合の遺贈の遺言執行

軽自動車については自動車の登録制度はない（道路運送車両法４条にて自動車の登録の規定を除外している）（資料３ 関連法規【４】）。したがって、軽自動車については登録というものはないので、普通の動産扱いとなる。

軽自動車を運行の用に供するには、自動車検査証の記載事項に変更が生じた場合は、その変更手続が必要であるから（道路運送車両法§67Ⅰ）、所有者の変更が生じた場合は、軽自動車に関して、「相続させる遺言の遺言執行」の項（第４章「相続させる遺言の遺言執行者の具体的職務権限と執行」第３の２(2)）で述べたように、自動車検査証の変更手続が必要である。

この自動車検査証の変更手続は、権利の得喪変更のためにあるのではなく、行政サイドの「運行の用に供する」面からの変更である。

その申請書類である「自動車検査証記入申請書」には、所有者欄と旧所有者欄があるが、遺贈における遺言執行者による申請はどのように行うのか、軽自動車について一切の事務取扱いをする軽自動車検査協会（道路運送車両法§76の２）（資料３ 関連法規【４】）に照会したところ、同協会では、軽自動車に関する遺贈の遺言執行を取り扱った先例がないとの回答で、今後の運用を待つしかない（尚、必要書類も具体的運用を待つしかない）。

第4　債権の遺贈の遺言執行

1　預貯金債権及び国債の名義書換

遺贈の場合においても、預貯金債権の払戻及び国債の名義書換に関しては、民法1012条1項の「遺言執行に必要な行為」にあたり、遺言執行者の職務権限に属する（民§1012Ⅰ・Ⅱ）

遺贈の場合も、預貯金債権の払戻及び国債の名義書換に関しては、相続させる遺言の場合の執行と同様、遺言執行者が単独でできる。

この手続は、相続させる遺言の場合の執行と同様であるので、第4章「相続させる遺言の遺言執行者の具体的職務権限と執行」第4の**1**を参照されたい。

2　株式等の名義書換

株式等の名義書換手続も「遺言執行に必要な行為」にあたり、遺言執行者の権限に属する（民§1012Ⅰ・Ⅱ、最判昭和44年6月26日民集23巻7号1175頁）。

遺言執行者は、受遺者のために、その名義書換の手続を行うことが必要である。この手続は、相続させる遺言の場合の執行と同様であるので、第4章「相続させる遺言の遺言執行者の具体的職務権限と執行」第4の**3**を参照されたい。

3　その他貸付債権等の債権

⑴　貸付債権、売掛債権等の指名債権の譲渡は、譲渡人が債務者

に通知をし、又は債務者が承諾しなければ、債務者その他の第三者に対抗できないのであるから（民§467Ⅰ）、遺贈の場合においても、この対抗要件の具備の問題が生ずる（民§899の2Ⅰ）。

そこで、遺言執行者は、その対抗要件の具備をすべきであるから、この対抗要件を具備する手続は、民法1012条1項の「遺言執行に必要な行為」にあたることになる。

⑵ 特定債権の遺贈も、①相続財産の全部の中に特定債権が入っている場合における包括遺贈と、②特定債権を、個別に、特定遺贈する場合がある。

⑶ **包括遺贈の場合**

① イ　相続人のうちの1人に対する特定債権の包括遺贈の場合

ロ　相続人以外の第三者に対する特定債権の包括遺贈の場合

ハ　相続人と第三者に対する特定債権の包括遺贈の場合

は、遺言執行者は、債務者に対して、遺贈による債権譲渡の通知をすべきである。

② 相続人全員に対する包括遺贈の場合はどうかという問題がある。

相続人全員に対する包括遺贈の登記手続の場合は「遺贈する」とあっても、登記原因は「相続」とするのが実務であり（本章第2の1⑴③）、又、相続の場合は民法467条の規定は適用がないとされるから（西村信雄編『注釈民法⑾債権⑵』〔明石三郎〕（有斐閣、昭和40年）372頁）、遺贈による債権譲渡の通知は不要ではないかという問題である。

しかし、包括遺贈による不動産取得の場合でも、登記がない限り対抗できないとされるので（新版注釈民法（28）〔阿部徹〕225頁）、債権譲渡の場合においても、対抗要件の具備は必要と考えられるから（民§899の2Ⅰ）、債権譲渡の通知は行うべきである。

遺贈は、相続と違って遺言者の意思による処分であること、第三者が遺贈の有無や効力を確認することは相続開始の事実や相続人の範囲を確認するよりも困難であることから、相続の場合以上に第三者を保護する必要があるからである（阿部・前掲225頁参照）。

⑷ 特定遺贈の場合

① 第三者に対する特定遺贈

貸付債権、売掛債権等の債権が、特定遺贈された場合は、遺贈義務者から債務者に対する通知又は債務者の承諾がなければ、受遺者は、遺贈による債権の取得を債務者に対抗できず、その債務者に対する通知は、遺贈義務者からすべきであって、受遺者が遺贈により債権を取得したことを債務者に通知したのみでは、受遺者はこれを債務者に対抗することができない（最判昭和49年4月26日民集28巻3号540頁）。

したがって、遺言執行者は、債務者に対して、遺贈による債権譲渡の通知をすべきである（民§467Ⅰ、§899の2Ⅰ、§1012Ⅰ・Ⅱ）。

② 相続人に対する特定遺贈

相続人に対する特定債権の特定遺贈の場合は、債権譲渡の通知は不要ではないかという問題がある。

しかし、特定遺贈による不動産の取得の場合でも、登記がない限り対抗できないとされているから（最判昭和39年3月

6日民集18巻3号437頁)、相続人に対する特定遺贈による債権譲渡の場合においても、対抗要件の具備は必要と考えられるので、遺言執行者は債権譲渡の通知は行うべきである(民§899の2Ⅰ、§1012Ⅰ・Ⅱ)。

⑸ 対抗要件の具備

包括遺贈の場合も、特定遺贈の場合も、対抗要件として必要な通知又は承諾は、確定日付ある証書によってしなければ、債務者以外の第三者に対抗できないので(民§467Ⅱ)、遺言執行者は、債務者に対して、配達証明付の内容証明郵便など確定日付を具備できる方法により、遺贈による債権譲渡がされた旨を通知すべきである(資料2書式例【23】参照)。

⑹ 債権の回収

貸付債権で返還期限が到来している場合や、売掛債権で支払期限が到来している場合などで、その債権回収が遺言の内容となっている場合は、遺言の内容を実現するため、遺言執行者は、債務者らに対し債権回収手続を行うことができる(民§1012Ⅰ)。

第5 借地権の遺贈の遺言執行

⑴① 遺贈の対象物が借地上の建物の場合は、借地上の建物の譲渡は借地権の譲渡が伴うので、土地賃貸人の承諾(民§612Ⅰ)の問題が生ずる。

② 又、更地の借地権を遺贈する場合も、同様に、土地賃貸人の承諾の問題が生ずる。

⑵ 賃借権の譲渡に関する遺贈の場合、特定遺贈は、遺言者の意思に基づくものであるから、普通の賃借権譲渡と特に区別して

取り扱われるべき理由はなく（鈴木禄弥『借地法　下巻（現代法律学全集 14)』（青林書院新社、昭和 46 年）1078 頁)、土地賃貸人の承諾を受ける必要がある（民§612Ⅰ)。

包括遺贈の場合においても、原則として同様に解せられる。

したがって、遺言執行者としてこの手続をすべきであるから、この手続は民法 1012 条 1 項の「遺言執行に必要な行為」にあたり、遺言執行者の職務権限に属することになる（民§1012Ⅱ)。

(3) 借地上の建物ないし更地の借地権の遺贈も、①相続財産全部の中に、借地上の建物ないし更地の借地権が入っている場合における包括遺贈と、②借地上の建物ないし更地の借地権を個別に特定遺贈する場合がある。

① 包括遺贈の場合

イ 相続人以外の第三者に対する包括遺贈の場合

ロ 相続人と第三者に対する包括遺贈の場合

ハ 第三者を含まない相続人に対する包括遺贈の場合（すなわち包括受遺者が相続人だけである場合）

いずれも、遺言執行者は、土地賃貸人に対して、包括受遺者に賃借権の遺贈があった旨を通知して賃貸人の承諾を得る必要がある（資料２書式例【24】参照)。

② 特定遺贈の場合

イ 受遺者が第三者の場合

ロ 受遺者が相続人の場合

いずれも、遺言執行者は、賃貸人に対して、受遺者に賃借権の遺贈があった旨を通知して、賃貸人の承諾を得る必要がある（資料２書式例【24】参照)。

⑷　賃貸人が承諾しない場合の対応

賃貸人の承諾を得る必要がある場合に、賃貸人が承諾しない場合は、遺言執行者は、借地借家法19条1項又は借地法9条の2第1項を類推適用して、裁判所に対し、賃借権譲渡の許可の申立をすべきである＊6。

＊6　賃借権譲渡の許可申立は、本来は、賃借権譲渡をするに先立ってなされるべきであるが、遺贈の場合は、遺贈の効力発生前に裁判所の許可を求めることは、遺贈の性質上、不当というべきであるから、遺贈の効力が発生した後に、裁判所に許可を求めれば足りる（東京高決昭和55年2月13日判時962号71頁）。

⑸　遺贈の目的物が借地上の建物の場合、受遺者への遺贈による建物の登記手続の時期は、遺言執行者は、

①　土地の賃貸人の承諾を得てから

②　土地の賃貸人が承諾をしない場合は、裁判所の許可を得てから

受遺者と共同で行うべきで、上記①の承諾、又は、②の許可を得ない前に、建物の登記を行うべきではない。

上記①の承諾、又は、②の許可を得ない前に、建物の登記を行うと、無断譲渡の問題が起こりうるからである（民§612参照）。

第6章

執行状況の報告

1　執行状況等の報告義務

⑴　遺言執行者は、相続人に対して善管注意義務があり、且つ、執行事務処理の状況について報告義務がある（民§1012Ⅲの準用する§644、§645）。

そこで、遺言執行者は、遺言執行の状況について適宜、説明や報告をすべきである。

⑵　問題は、その報告の時期やその内容・程度である。

相続人にとっては、遺言者の遺志が適正に行われることに重大な関心があり、遺言執行者からの遺言執行に関する情報が適切に開示されることは、遺言執行の適正を確保するという面からは有益なものといえる。

一方、その情報しだいでは、遺言執行行為に相続人による過度の介入を招き、かえって適正な遺言の執行を妨げる結果になることも懸念される。

したがって、個々の遺言執行行為に先だって、常に相続人対して説明しなければならないというのは相当ではないということになる。

遺言執行者から相続人に対してなされるべき説明や報告の内容及びその時期は、適正かつ迅速な遺言執行を実現するために必要であるか否か、その遺言執行行為によって相続人に何らかの不利益を生じる可能性があるか否かなど諸般の事情を総合的に勘案して、個別具体的に判断されるべきことになる（東京地判平成19年12月3日判タ1261号249頁）（資料1判旨【37】）。

⑶　この報告は、遺言執行が適正に実施されたことを確認できる程度のものでよく、必ず関係書類の写しを交付しなければならないというものではない（前掲東京地判平成19年12月3日（資料1判旨【37】））。

⑷　執行状況の報告書の文例は、資料2書式例【12】参照。

2　執行状況等の報告先

⑴　この報告は、遺言執行者は、相続人全員及び受遺者がある場合は受遺者全員に対して報告すべきである。

⑵　遺留分を有しない相続人に対しては報告義務はないのではないかという問題がある。

しかし、遺言執行者の報告義務は、遺言執行者として善管注意義務（民§1012Ⅲ、§644）の一内容として相続人になされるものであって、相続人が遺留分を有しているか否かによって民法上区別されているわけではないし、しかも遺留分を有しない相続人は、包括的相続させる遺言ないし包括遺贈により相続に関する権利を喪失するので、そのような包括的相続させる遺言ないし包括遺贈の成否等について直接確認する法的利益があるから、遺留分を有しない相続人に対しても遺言執行者は報告義務があるというべきである（前掲東京地判平成19年12月3日

（資料１判旨【37】））。

3　相続財産を処分する場合の事前通知の要否

遺言により相続財産を処分する必要がある場合、遺言執行者は、処分に先立ち、相続人に対してその通知をすべき義務を負うか否かという問題がある。

現行法上、遺言執行者が相続財産を処分する際に、必ず事前に、相続人対してその旨通知しなければならないとする明文の規定はないので、当然に通知すべき義務はないことになる。

しかし、法定相続人が、包括的相続させる遺言や包括遺贈を知らずに、相続財産を相続したものと思いこんで処分したりすることもあり、それによって取引の安全性が害されるおそれもあり、相続財産に含まれている不動産を遺言執行者が換価したような場合、登記手続上は、被相続人名義から相続人名義に相続登記し、そのうえでの売却となるため、遺留分を有するか否かを問わず、いったん登記名義人となった相続人の知らないうちに第三者に処分となると、登記名義人となった相続人に対して、譲渡所得税等の賦課の可能性があり、最終的に是正されるとはいえ、相続人を驚かせたり、不安、混乱をさせる可能性が生ずるおそれがある。

したがって、このような場合は、遺言執行者としての善管注意義務（民§1012Ⅲ、§644）の一内容として、遺言執行者は、相続人に対して、遺産に属する不動産の処分に先立ち、当該不動産を遺言により換価処分する旨通知すべきである（前掲東京地判平成19年12月3日（資料１判旨【37】））＊1。

＊1　前掲東京地判平成19年12月3日（資料１判旨【37】）の事案は、公正証書遺言の清算型包括遺贈の場合で、遺留分を有しない相続人

から包括遺贈の遺言執行者等に対し、遺言執行者らが法定相続人らに相続財産目録を交付せず、事前に通知をしないままに遺産の不動産を処分したことなどによる損害賠償を請求した事件で、損害賠償請求額の一部が認容された事案である。

第7章

遺言執行者の任務終了原因と任務終了の報告

第1　遺言執行者の任務終了原因と任務終了の報告

1　遺言執行者の任務終了原因

⑴　遺言執行者は、次の原因により、任務終了となる。

①　遺言執行の完了

②　遺言執行の不能

③　遺言執行者の死亡

④　遺言執行者の辞任

⑤　遺言執行者の解任

⑥　遺言執行者の欠格事由の発生

⑵　①、②は遺言執行に伴う終了原因であり、③～⑥は遺言執行者そのものに関する終了原因である。

⑶　遺言執行者は、上記の任務終了の原因により、遺言執行者の地位を喪失する。

2　任務終了の報告等

遺言執行者は、任務が終了した場合は、その報告等をしなければならない（民§1012Ⅲ、§645、§1020）。その内容は任務終了原因により若干異なるところがあるが、大筋同じような内容である。

第2　任務終了原因ごとの手続

1　遺言執行の完了とその後の手続

⑴　遺言の執行すべき事項がすべて完了したときは、遺言執行者の任務は終了する。

⑵　遺言執行者には、委任に関する民法644条、645条から647条及び650条が準用され（民§1012Ⅲ）、又、任務終了の場合は同法654条、655条が準用されるから（同§1020）、任務が終了した場合、次のことを行う必要がある。

①　遺言執行の完了による任務終了の通知（民§1020、§655）

遺言執行者は、任務を終了したことを相続人全員及び受遺者に通知する。

但し、相続人及び受遺者がそれを知っていたときは、その必要はないが（民§655）、はっきりさせておくために全員に通知を出しておくのがよい。

②　保管、管理物の引渡（民§1012Ⅲ、§646Ⅰ）

遺言執行者は、その執行に関し、受け取った金銭、その他の物及び収取した果実がある場合は、それらを相続人に引き渡さなければならない。

相続人が複数の場合は、その代表者に、それが決まらないときは、相当と思った相続人の１人に引き渡すことも１つの方法である。

その引渡は遅滞なく行うべきである。

③　**執行の経過及び結果の報告（民§1012Ⅲ、§645）**

遺言執行者は、任務終了後は、遅滞なく、執行に関する経過及び結果並びに金銭の出納がある場合はその収支計算書を作成して報告しなければならない。

④　執行完了の場合の任務終了通知兼報告書の文例は、資料２書式例【13】参照。

2　遺言執行の不能とその後の手続

⑴　遺言執行者が就任後、その遺言の実現が不能となったときは、遺言執行者の任務は終了する。

遺言執行の不能の原因には、

①　遺言執行の内容が原始的不能の場合

②　遺言執行の内容が後発的不能となった場合

がある。

⑵　**原始的不能の場合**

①　**遺言書そのものが無効である場合**

遺言書が遺言の方式を具備していないことが一見して明らかな場合（例えば、自筆証書遺言に日付や署名押印がないとか、日付が吉日になっていたりしたような場合）は、弁護士であれば、遺言執行者に就職する段階で、その遺言書は無効と判断し、遺言執行者の就職を拒否するであろうから、遺言執行者が就職後に遺言の方式が一見して具備していないということが起こる問題は極めてまれであると考えられる。

しかし、遺言書そのものが偽造であったとか、意思能力がない状態での作成であったとか、遺言書の作成そのものに関して問題があるようなことが、遺言執行者に就職後に発覚したような場合は、遺言無効による執行不能の問題が生ずる。

例えば、相続人間で遺言無効確認訴訟などが提起され、その判決で遺言が無効であることが確定した場合は、その遺言による執行は不能となる＊1。

＊1 この場合、遺言執行者がすでに執行をしていた場合、その執行行為の効力の問題が生ずるが、その効力は原則無効と解すべきであろう。但し、第三者との関係が発生した場合は、どうなるかは検討を要すことがらである。第三者との関係があっても全部無効とする考え、善意の第三者である場合はその無効は対抗できないとする考え、第三者の過失の有無も加味すべきであるとする考えなどが起こりうる問題である。

② 遺言の対象が客観的不能の場合

推定相続人廃除の遺言の場合で、遺言の効力発生前に、当該推定相続人が遺言者より先に死亡している場合とか、特定の財産についての相続させる遺言や特定遺贈の場合に、それが遺言の効力発生前に滅失ないし処分されている場合などがこれにあたる。

(3) 後発的不能の場合

遺言執行者が就職後に遺言の執行が不能となった場合である。例えば、

① 推定相続人廃除の遺言で、遺言の効力が発生後、当該推定相続人が死亡したとき

② 認知遺言で成年の被認知者が承諾しない場合（民§782）

③　相続させる遺言で受益相続人が相続を放棄した場合（民§939）

④　遺贈の遺言で受遺者が遺贈を放棄した場合（民§986）

⑤　相続させる遺言又は遺贈の目的物が消滅した場合（但し、その消滅が第三者の行為により生じたために損害賠償請求権に代わるときは不能とはならない。その代わった損害賠償請求権に対する執行となる）

⑥　相続財産が破産した場合（破§222〜§237）

などである。

この場合、すでになされた遺言執行者の遺言行為の効力は有効である。

⑷　執行不能の場合の手続

①　執行不能による任務終了の通知（民§1020、§655）

遺言執行者は、相続人ないし受遺者に対し、執行不能による任務終了の通知をする。その場合、執行不能になった内容を具体的に表示して通知すべきである（民§1012Ⅲ、§645）。

②　保管、管理物の引渡（民§1012Ⅲ、§646Ⅰ）

遺言執行者は、保管、管理物がある場合は、すべて相続人に引き渡さなければならない。このことは遺言執行完了の場合と同じである。

③　執行の経過及び結果の報告（民§1012Ⅲ、§645）

遺言執行者は、金銭の出納があれば、その収支計算書を作成して報告しなければならない（民§1012Ⅲ、§645）。このことも遺言執行完了の場合と同じである。

④　執行不能による終了の場合の任務終了通知兼報告書の文例は、資料２書式例【14】参照。

3　遺言執行者の死亡とその後の手続

⑴　遺言執行者が死亡した場合は、遺言執行者の地位は喪失する。

委任関係において受任者が死亡したとき、委任関係が終了するが、これと同じである（民§653①参照）。

したがって、遺言執行者が死亡したことにより、遺言執行者の相続人が遺言執行者の地位を承継することはない。

⑵　しかし、遺言執行者が死亡したことによる遺言執行者の任務終了に伴う事務処理の義務については、遺言執行者の相続人が負うことになる（民§1020、§654）。

遺言執行者の相続人にとっては、現実には、調査した限度内での事務処理となるのではないかと考えられる。

⑶　**遺言執行者が死亡した場合の手続**

遺言執行者の相続人は次の手続を行うことになる。

①　**死亡による任務終了の通知（民§1020、§655）**

遺言執行者の相続人から、遺言執行者の死亡の通知とそれに伴う遺言執行者としての任務が終了した旨を通知する。

②　**保管、管理物の引渡（民§1012Ⅲ、§646Ⅰ）**

遺言執行者の死亡当時の保管、管理物は、遺言執行者の相続人から、遺言者の相続人、又は家庭裁判所から新たに遺言執行者が選任されたときは、その者に引き渡す。

③　**執行の結果と収支計算書作成による報告（民§1012Ⅲ、§645）**

遺言執行者の相続人は調査した限度での報告となろう。

報告の相手方は、遺言者の相続人、受遺者及び家庭裁判所から新たに選任された遺言執行者がいるときはその者となる。

尚、遺言執行者の相続人は、遺言執行者が遺言執行を終えた限度で報酬請求権を承継するので、その報酬請求ができる（民§1018Ⅱ、§648Ⅲ）。

④　遺言執行者の死亡による終了の場合の任務終了通知兼報告書の文例は、資料２書式例【15】参照。

4　遺言執行者の辞任とその後の手続

⑴　遺言執行者は自由に辞任はできず、正当な事由があり、家庭裁判所から許可を得たとき、初めて辞任することができることになる（民§1019Ⅱ）。

ここでいう「正当な事由」とは、遺言執行者の個人的事情があげられている。

例えば、疾病、長期の病気、多忙な職務への就職などである（新版注釈民法（28）〔泉久雄〕380頁）。

⑵　辞任の手続

①　遺言執行者は、辞任するときは、遺言による指定の場合も、家庭裁判所からの選任による場合も、いずれも、相続開始地を管轄する家庭裁判所に、遺言執行者の辞任についての許可審判の申立（民§1019Ⅱ、家事手続別表第１（107））を行う（家事手続§209Ⅰ）（資料２書式例【16】参照）。

この申立について、家庭裁判所が辞任を認める許可をした場合は、確定したときその効力を生ずる（同§74Ⅱ）。

家庭裁判所が申立を却下した場合は、申立人は即時抗告ができる（同§214⑥）。

②　辞任が許可され、確定した場合は、遺言執行者は、相続人、受遺者らに対し、以下の手続を行う。

イ　辞任による遺言執行者の任務終了の通知（民§1020、

§655）

ロ　保管、管理物の引渡（民§1012Ⅲ、§646Ⅰ）

ハ　執行状況の経過と結果の報告（民§1012Ⅲ、§645）

金銭の出納があれば、その収支計算書を作成し、報告しなければならない（民§1012Ⅲ、§645）。

これらのことは遺言執行完了の手続の場合と同じである。

③　辞任による任務終了の場合の任務終了通知兼報告書の文例は、資料2書式例【17】参照。

5　遺言執行者の解任とその後の手続

⑴　遺言執行者が任務を怠ったとき、その他正当な事由があるときは、利害関係人は、その解任を、家庭裁判所に請求することができる（民§1019Ⅰ）。

遺言執行者が遺言の実現を全くしなかった、あるいは一部を行わなかったなどの任務懈怠がある場合や、遺言執行者が長期間疾病、行方不明、不在など、遺言執行者として不適格な場合にあたるときなどである（新版注釈民法（28）〔泉久雄〕377頁、378頁）。

遺言執行者が、一部の相続人の利益に加担し、公正な遺言の実現が期待できないような事情がある場合も解任事由となる。

⑵　**解任手続**

利害関係人（相続人、受遺者、相続債権者）が、相続開始地を管轄する家庭裁判所に、遺言執行者の解任の審判申立（家事手続別表第1（106））を行う（同§209Ⅰ）（資料2書式例【18】参照）。

この申立について家庭裁判所が解任を認める許可をした場合は、確定したときにその効力を生ずる（同§74Ⅱ但書）。

遺言執行者は解任の審判に対し、即時抗告ができる（同§214④)。

申立を却下した場合は、申立人は即時抗告ができる（同§214⑤)。

(3) 解任された場合の手続

① 解任が許可され、確定した場合は、遺言執行者は、相続人、受遺者に対し、以下の手続を行う。

イ 解任による遺言執行者の任務終了の通知（民§1020、§655)

ロ 保管、管理物の引渡（民§1012Ⅲ、§646Ⅰ)

ハ 執行状況の経過と結果の報告（民§1012Ⅲ、§645)

金銭の出納があれば、その収支計算書を作成し、報告しなければならない（民§1012Ⅲ、§645)。

これらのことは遺言執行完了の手続の場合と同じである。

② 解任による任務終了の場合の任務終了通知兼報告書の文例は、資料２書式例【19】参照。

6 遺言執行者の欠格事由の発生とその後の手続

(1) 未成年者及び破産者は遺言執行者となることができない（民§1009)。

遺言執行者に就職している者に未成年者はいないであろうから、遺言執行者が就職後に欠格事由となるのは、遺言執行者が就職後に破産者となった場合だけである。

(2) 破産による終了の場合の手続

① 遺言執行者が破産者となっても、行為能力は影響しないので、破産者による任務終了の手続を行う必要がある。

② 遺言執行者に対し、破産手続開始決定がなされた場合は、遺言執行者は相続人、受遺者に対し、以下の手続を行う。

イ 破産による遺言執行者の任務終了の通知（民§1020、§655）

ロ 保管、管理物の引渡（民§1012Ⅲ、§646Ⅰ）

ハ 執行状況の経過と結果の報告（民§1012Ⅲ、§645）

金銭の出納があれば、その収支計算書を作成し、報告しなければならない（民§1012Ⅲ、§645）。

これらのことは遺言執行完了の手続の場合と同じである。

尚、破産者が遺言執行者としてなした分の遺言執行者の報酬請求権は破産財団に属するので（破§34Ⅱ、民§1018Ⅱ、§648Ⅲ）、破産管財人が相続人らに請求することになる。

③ 破産による任務終了の場合の任務終了通知兼報告書の文例は、資料2書式例【20】参照。

第8章

遺言執行の費用

1　遺言執行の費用

⑴　遺言の執行に要する費用（遺言執行の費用）としては、

①　遺言書の検認手続の費用（民§1004）

②　相続財産目録の作成費用（民§1011）

③　相続財産の管理費用（民§1012）

④　遺言の執行に関連してなした訴訟の費用（民§1012）

⑤　遺言執行者の報酬（民§1018）

⑥　遺言執行者の職務代行者の報酬（家事手続§215Ⅳ）

⑦　遺言執行のために専門家に事務の処理を委任した場合の報酬（新版注釈民法（28）〔泉久雄〕384頁）

などがある。

⑵　不動産が相続財産の中にある場合の登記手続費用は、遺言執行の費用に入る。

①　相続させる遺言の場合、遺言執行者は、受益相続人のために対抗要件を具備する権限を有し（民§1014Ⅱ）、相続分を超える部分については登記がなければ第三者に対抗できないので（民§899の2Ⅰ）、登記手続費用は遺言執行費用となる。

② 遺贈の場合は、登記手続は遺言執行者が受遺者と共同申請となり、その登記手続費用は遺言執行費用となる。

③ 遺言執行のために測量や分筆を要する場合は、その費用は遺言執行費用となる。

2 遺言執行費用の負担者

(1) 遺言の執行に関する費用は相続財産の負担である（民§1021）。

但し、これによって遺留分を減ずることができない（民§1021 但書）。

① この趣旨は、遺言の執行に関する費用は、相続財産の範囲内で、相続財産から控除できるということであり、遺言執行者は、その残額を、遺言により、相続人ないし受遺者に引き渡すことになる。

尚、遺言執行費用の支払は、相続人の遺留分を害することができないので、遺留分にくいこむ分が出た場合は、受遺者の負担ということになる。

② この民法 1021 条の規定の趣旨について、遺言執行者は、遺言執行に関する費用を相続財産の中からこれを支弁することができるとともに、相続財産を超える費用を相続人に請求することができないことを定めたものと解される（東京地判昭和 59 年 9 月 7 日判時 1149 号 124 頁（資料 1 判旨【36】））。

(2) 分担方法について

各相続人、受遺者の分担割合は、全財産のうち当該相続人ないし受遺者が取得する相続財産の割合に按分比例した額である。

尚、受遺者については、上記(1)①の負担も出てくる。

3　遺言執行者の立替費用の分担の問題

⑴　遺言執行者が執行につき必要な費用を立て替えて支払ったときは、民法1012条3項、650条1項により、相続人に対して費用の償還を請求することができる。

⑵　相続財産に現金がないような場合に生じる問題である。

その場合、各相続人に対して請求しうる額は、全相続財産のうち当該相続人が取得する相続財産の割合に按分比例した額であり、かつ当該相続人が取得した相続財産の額を超えない部分に限ると解すべきである（前掲東京地判昭和59年9月7日（資料1判旨【36】））。

4　費用前払請求

遺言執行者は相続人らに対して、あらかじめ遺言執行費用を請求できるのかという問題がある。

遺言執行者に適用される民法1012条3項は、同法644条、645条から647条、650条は準用していても、費用前払請求権の同法649条を準用していないからである。

しかし、実務では、遺言執行をするにあたり、相続人ないし受遺者から、遺言執行費用として、事前に預かっているのが実情であり、後日清算することにすれば、費用の前払を求めることは許されるべきである。

5　遺言執行者の報酬

⑴　遺言執行者の報酬は、遺言執行の費用の1つである。

遺言執行者の報酬については、

① 遺言者がその遺言に報酬の定めをしたときは、それによる（民§1018Ⅰ但書）。

② 遺言者がその遺言に報酬の定めをしなかったときは、相続開始地を管轄する家庭裁判所に、報酬付与の審判の申立をして、家庭裁判所が定めることになる（民§1018Ⅰ本文、家事手続別表第1（105）、§209Ⅰ）。

⑵ 遺言執行者の報酬については、遺言の中で決めておかないと、家庭裁判所の審判によることになるので、「非常に後で面倒なので、ぜひ遺言で報酬を定めておくべきである」といわれている（尾﨑昭夫「遺言作成と遺言執行の実務」昭和62年度日弁連特別研修叢書431頁）。

弁護士が公正証書遺言の作成の段階から関わっているような場合で、その中で報酬について定めておけるような状態であれば、その定めをしておくことは最も望ましいことである。

自筆証書遺言の場合も、遺言者があらかじめ遺言執行者に指定する旨の話があった時は、報酬について定めておくように話しておくことも望ましいことである。

問題はその決め方である。平成16年3月までは日弁連報酬等基準規程があったので、それに従う旨を定めておけばわかりやすかったが、平成16年4月1日から日弁連報酬等基準規程は廃止となったので、別途工夫を要する。

決め方の例として、以下の方法がある。

① 具体的に報酬金額を明示する方法

この場合、遺言執行の現実の時期が、遺言書作成の時期から20～30年も先であったような場合に、貨幣価値等の変動のため、遺言執行終了時において妥当な額であるかという問題がある。

② 相続財産の遺言執行時の価額に対する割合によって定める方法

この場合であれば、上記①の問題はクリアすることになる。

その場合、相続財産の価額は、例えば不動産のような場合、どのように評価するかという問題がある。

不動産の評価方法として、時価評価額による方法、路線価による方法（相続税申告の時の評価方法）、固定資産税評価額による方法などが考えられる。

③ 遺言時以降の財産変動や身分関係の執行だけの場合のことを考えて、最低報酬額を定め、それに全相続財産の評価額に対する割合を加算する方法もある。

④ 近年、信託銀行等で「遺言委託」などの呼び方で遺言執行者として行っている場合があるが、その報酬額の定め方も１つの参考になる

いずれにしても、報酬額の定めについて、工夫しておく必要がある。

⑶ 遺言に報酬の定めがないような場合でも、相続人及び受遺者全員との協議で報酬を決めることは問題はない。

そこで、遺言に報酬の定めがない場合は、遺言執行者は、任務を着手する段階で、相続人ないし受遺者全員と協議して、報酬の定めをしておくのが良策と思われる。

⑷ 報酬の請求の時期

報酬は後払いで、執行事務がすべて終了した時である（民§1018Ⅱ、§648Ⅱ）。尚、遺言の執行が遺言執行者の責に帰す

ることができない事由によって、中途で終了したときは、すでにした執行の割合に応じて報酬を請求することができる（民§1018Ⅱ、§648Ⅲ、§648の2）。

⑸　報酬の支払

遺言執行者の報酬は、上記の通り、遺言執行の費用に含まれるから、相続財産の負担となるので、遺言執行者は、遺言で定められた報酬額、相続人ないし受遺者との協議で定めた額又は報酬付与の審判で定められた報酬額を、自己の管理する相続財産から差し引くという方法で受領している。

管理する財産の中で、動産ないし不動産の価値は高いものがあっても、現金ないし預貯金が少なく、現金や回収した預貯金額では報酬額に満たない場合には、相続人、受遺者に対し、その支払を求めることになる。

⑹　相続人、受遺者の負担割合

相続人、受遺者の負担割合は、全財産のうち、当該相続人ないし受遺者が取得する相続財産の割合に按分比例した額である。

6　遺言執行者の報酬付与の申立

⑴①　遺言者が遺言執行者の報酬の定めをしていない場合で、相続人らとの協議をしても報酬について定められなかった場合は、家庭裁判所に遺言執行者の報酬付与の申立をすることができる（民§1018Ⅰ本文）。

②　報酬の支払は、執行事務が終了した後であるから（民§1018Ⅱ、§648Ⅱ）、報酬付与の申立は執行事務が終了してからとなる。

⑵①　報酬付与の審判申立は、相続開始地を管轄する家庭裁判所

に行う（家事手続§209Ⅰ、別表第1（105））（資料2書式例【21】参照）。

② 申立権者は遺言執行者である。

③ 申立に必要な書類は、

イ 申立人の住民票（又は戸籍の附票）

ロ 遺言者の除籍・戸籍謄本（戸籍全部事項証明書）・原戸籍

ハ 遺言者の除票

ニ 遺言書の写し

ホ 遺言執行報告書等、申立理由の証明資料（財産目録を添付する）

尚、家庭裁判所に遺言検認事件記録あるいは遺言執行者選任事件記録がある場合はイ～ニの書類は不要とする取扱いである。

(3)① 家庭裁判所は、相続財産の状況その他の事情によって報酬を定めることができる（民§1018Ⅰ）。

そこで、裁判所は、(イ)相続財産の種類・価格、(ロ)遺言者と遺言執行者との親疎関係、(ハ)遺言執行者が行った具体的業務の繁閑、(ニ)遺言執行者の地位・収入その他一切の事情を考慮して決めることになる。

② 報酬付与の審判は、告知することによってその効力を生ずる（家事手続§74Ⅱ本文）。

遺言執行者の報酬は相続財産の負担となるから（民§1021）、遺言執行者は報酬を差し引いた残額を相続人に引き渡すことになる。

(4) 家庭裁判所が定めた報酬額について、不服がある場合どうするかという問題がある。

報酬の額は家庭裁判所が一切の事情を考慮して決定するものであり、裁判所の裁量に委ねられているのであるから、その決定された額の当否を争うことは原則として許されないというべきことになる。

審判についての不服申立は、特別の定めがある場合に限り即時抗告をすることができるが（家事手続§85Ⅰ)、遺言に関する審判事件について即時抗告ができるのは、家事事件手続法214条に規定されているものだけであり、そこには報酬付与の決定に対する即時抗告の規定はない。

したがって、報酬付与の審判に対して、不服申立としての即時抗告はできないことになる＊1＊2＊3。

＊1　報酬付与決定に対する不服申立としての即時抗告の規定がないから、審判で出された報酬の額が、極めて不当な場合でも、やはり不服申立はできないのかという悩ましい問題がある。

不当に高いという場合は相続人から、不当に低いという場合は遺言執行者から出てくる問題である。

＊2　家事審判法の時代であるが、この点について、原則としては、その決定せられた額の当否を争って不服申立をすることは許されないところと解せられるけれども、もし当該の場合における相続財産の価格、遺言執行事務内容の繁閑、受遺者、相続人その他の利害関係人の資産生活事情等具体的諸関係に照らし、遺言執行者に対する報酬額として決定せられた金額が客観的に高低いずれかに失し、明らかに当該家庭裁判所がその数額を定めるにつき著しく裁量を誤り不当な決定をしたものと認められ、これを維持したのでは当該相続利害関係人に重大不合理な不利益を課し、相続人と受遺者の間に、実質上、著しい不公平を招来する等社会正義にもとる結果となる場合には、例外的に不服申立ができると解するのが相当である。即時抗告規定がないのは、家事審判規則の不備ないし遺漏というべきであり、家事審判規則127条1項を類推適用して、即時抗告が許される

と解すべきであるとした決定がある（大阪高決昭和38年2月15日家月15巻6号63頁）。

この事案は、遺言執行者が報酬付与審判の申立をし、原審裁判所が定めた報酬額について、相続人が即時抗告したので、それについて大阪高等裁判所が決定したものである。同高裁は、結果として原審の決定を相当とし、即時抗告を却下した。

＊3　その後、やはり家事審判法の時代であるが、報酬付与審判に対する即時抗告が出された事件で、即時抗告は許されないとされた（その特別抗告、許可抗告でも許されなかった）（最決平成16年9月14日家月57巻1号127頁、東京高決平成16年5月7日家月57巻1号127頁）。

その理由は、遺言執行者に対する報酬付与審判については即時抗告を認めていないので、同審判に対して即時抗告をすることは許されないというものである。

この事案も遺言者の相続人から即時抗告した事案である。

第9章

遺言執行者と訴訟（当事者適格）

1　遺言執行者と訴訟（当事者適格の問題）

(1)　遺言執行者は、遺言の内容を実現するため、相続財産の管理その他遺言の執行に必要な一切の行為をする権利義務を有する（民§1012Ⅰ）。

一方、遺言執行者がある場合には、相続人は、相続財産の処分その他遺言の執行を妨げるべき行為をすることができない（民§1013Ⅰ）。

そこで、遺言執行者がある場合は、遺言執行者は相続財産に対して排他的な管理処分権を取得し、他方、相続人はその管理権を失うこととなる。

その結果、訴訟における当事者は、訴訟物たる権利又は法律関係について管理権を有するものでなければならないので、遺言の執行に関する訴訟においては、訴訟追行権は遺言執行者に帰属し、相続人はこれを失うこととなる。

そこで、従来は、遺言執行に関する訴訟において、遺言執行者がある場合は、遺言執行者のみが当事者適格を有することになると解されていた。

⑵　しかし、遺言執行者の当事者適格の問題は、判例、学説上において未解決の点が多く、民法及び民事訴訟法における難問の1つであるといわれており（野山宏・最判解説平成10年217頁、河邉義典・最判解説平成11年1002頁）、遺言執行者の当事者適格の問題については、あらゆる場合に通用する一般論は未だ確立していないとされている（野山・前掲230頁）。

そして、どのような行為が遺言の執行に必要な行為にあたるかは、具体的事案により各別に検討を要するが、遺言執行者の当事者適格の問題も、遺言執行者の実体法上の権限の内容について検討し、実体法上の検討結果に基づいて訴訟法上の当事者適格を解決していくことになる（野山・前掲230頁）。

そこで、相続させる遺言の場合と遺贈の場合とに分けて具体的に検討する。

⑶　尚、遺言執行者は、その資格において、自己の名をもって、他人（相続人）のため、訴訟担当者として、訴訟の当事者となる（最判昭和31年9月18日民集10巻9号1160頁、最判昭和51年7月19日民集30巻7号706頁）（資料1判旨【10】【12】）＊1。

＊1　法定訴訟担当者（職務上の当事者）と呼ばれている。
この類型として、遺言執行者の他に、破産管財人などがある（河邉・前掲1019頁、野山・前掲238頁）。

2　相続させる遺言の場合で、遺言執行者がある場合の当事者適格

(1)　不動産に関する訴訟

①　被相続人名義のままの場合

イ　平成30年の民法改正前の判例

相続させる遺言の目的物が、不動産の場合で、登記名義人がまだ被相続人名義のままの場合は、受益相続人Aは単独で登記ができるので（不登§63Ⅱ、旧不登§27）（資料3関連法規【1】)、遺言執行者は登記義務はないし、遺言執行者の職務が顕在化せず、遺言執行の余地はないので、遺言執行者に原告適格はないし、被告適格もない（前掲平成11年判決（資料1判旨【4】）参照）とされていた。

ロ　民法改正後の動き

平成30年の民法改正により、遺言執行者は受益相続人のために対抗要件を具備する権限を有するので（民§1014Ⅱ)、遺言執行者に原告適格があるのではないかと考えられるが、今後の判例の動きを見る必要がある。

②　被相続人名義から移されている場合

イ　他の相続人Bが、相続開始後に、被相続人から自己名義Bの所有権移転登記を経由したために、遺言の実現が妨害されたような場合は、遺言執行者は原告適格を有し、遺言執行の一環として、Bに対し、妨害排除として所有権移転登記の抹消登記請求手続ができる（前掲平成11年判決（資料1判旨【4】)。

遺言執行者が受益相続人Aに不動産の所有権移転登記を取得させることは遺言の執行に必要な行為にあたり、Bに

遺言の実現が妨害されたことにより遺言執行者は、妨害排除請求ができる。尚、この場合、遺言執行者は、Bに対し、さらには、受益相続人Aへの真正な登記名義の回復を原因とする所有権移転登記を求めることができる（前掲平成11年判決（資料1判旨【4】)。

□ 受益相続人の権利行使との関係は後記(5)の通り。

③ 不動産の賃借人からの賃借権確認訴訟

遺言によって、特定の相続人に相続させるものとされた特定の不動産について、相続開始後、その不動産の賃借人が、賃借権確認請求訴訟を提起する場合は、その被告適格を有する者は、遺言執行者ではなく、受益相続人である。（前掲平成10年判決（資料1判旨【3】)。

相続させる遺言の場合、特段の事情がない限り、遺言執行者は当該不動産を管理する義務やこれを相続人に引き渡す義務を負わないからである。

(2) 不動産以外の訴訟

① 遺言執行者の管理財産の確保の訴訟

相続させる遺言で、遺言執行者が管理する相続財産にかかる物の引渡請求訴訟を提起する場合は、遺言執行者のみが原告適格を有することになる。

② 遺言執行者に対する履行請求

相続させる遺言の目的物が不動産以外の場合で、受益相続人がその遺言の履行（引渡等）を遺言執行者に求める場合は、遺言執行者が被告適格を有する。

③ 預金払戻請求訴訟

相続させる遺言の場合、遺言執行者は、預金払戻請求訴訟の原告適格を有する（東京地判平成24年1月25日判時2147号66頁）（資料1判旨【8】）。

④ **遺言無効確認訴訟**

イ 相続させる遺言において、遺言執行者が、遺言が無効であると主張して、遺言を有効と主張する受益相続人や相続人に対して、遺言無効確認訴訟を提起する場合は、遺言執行者は原告適格を有する。

ロ 相続させる遺言において、受益相続人や相続人は、遺言を有効と主張する遺言執行者に対し、遺言の無効を主張して遺言無効確認訴訟等を提起する場合は、遺言執行者は被告適格を有する。

⑶ 執行処理後の訴訟

相続させる遺言で、遺言執行者がすでに遺言執行として処理してしまったことについては、その権利義務は受益相続人に帰属し、遺言執行者は権利義務を有しないから、遺言執行者には当事者適格はない。

⑷ 遺言執行と関係がない訴訟

相続させる遺言において、遺言執行と関係がない場合は、遺言執行者に当事者適格はない。

⑸ 相続させる遺言の遺言執行者と受益相続人の権利行使との関係

（前記⑴②イとの関係）

遺言執行者は、執行行為として、相続開始後、被相続人名義から移転登記した登記名義人Ｂに対し、所有権移転登記の抹消登記手続等の請求ができるが、受益相続人Ａも、遺言により取得した不動産の権利の行使として、登記名義人Ｂに対して、登記の抹消登記ができるかという問題がある。

この点について、受益相続人Aが遺言で取得したことによる権利行使としてのBに対する所有権移転登記の抹消登記請求等と、遺言執行者が遺言の執行としてBに対して所有権移転登記の抹消登記手続等の請求をすることは別個のものであるから、両者は競合し、併存しうることになる（前掲平成11年判決（資料1判旨【4】)。

3　遺贈の場合で、遺言執行者がある場合の当事者適格

(1)　不動産に関する訴訟

①　被相続人名義のままの場合（遺言執行者に対する履行請求）

受遺者が提起する遺贈義務の履行を求める訴の被告適格（例えば、受遺者が遺贈の目的不動産について所有権移転登記を求める訴の被告適格）は、遺言執行者のみが被告適格を有する（特定遺贈については最判昭和43年5月31日民集22巻5号1137頁、包括遺贈については最判昭和51年7月19日集民118号315頁）資料1判旨【11】【13】)。

②　被相続人名義から移されている場合

遺贈の目的不動産につき、相続人により、すでに相続を原因とする所有権移転登記を経由している場合は、遺言執行者は原告適格を有し、その相続人を被告として相続登記の抹消登記を求めることができる（最判昭和51年7月19日民集30巻7号706頁）（資料1判旨【12】)。

③　不動産の賃借人からの賃借権確認訴訟

遺贈によって受遺者に帰属させるものとされた特定の不動産について、相続開始後、その不動産の賃借人が、賃借権確認請求訴訟を提起する場合は、その被告は遺言執行者ではな

く、受遺者とすべきである（遺贈の場合も、特段の事情がない限り、相続させる遺言の場合と同様、遺言執行者は当該不動産を管理する義務や受遺者に引き渡す義務を負わないと解されるからである（野山・前掲233頁参照)。

④ 持分確認訴訟

遺贈の場合で、相続人は、遺言執行者を被告として、遺言の無効を主張し、相続財産につき持分を有することの確認を求めることができる（前掲最判昭和31年9月18日、前掲最判昭和51年7月19日）（資料1 判旨【10】【12】)。

⑵ 不動産以外の訴訟

① 遺言執行者の管理財産の確保の訴訟

遺贈の場合で、遺言執行者が管理する相続財産にかかる物の引渡請求訴訟や債権の取立訴訟では、遺言執行者のみが原告適格を有する。

② 遺言執行者に対する履行請求

遺贈の目的物が不動産以外で、受遺者がその遺言の履行（引渡等）を遺言執行者に求める場合、遺言執行者が被告適格を有する。

③ 預金払戻請求訴訟

遺贈の場合、遺言執行者は預金払戻請求訴訟の原告適格を有する（さいたま地熊谷支判平成13年6月20日判時1761号87頁）（資料1 判旨【38】参照)。

④ 遺言無効確認訴訟

イ 遺贈の場合で、遺言執行者が、遺言が無効と主張して、遺言無効確認訴訟を提起する場合、遺言執行者は原告適格を有する（大決昭和2年9月17日民集6巻501頁)。

ロ　相続人や受遺者が、遺言が無効と主張して、遺言無効確認訴訟等を提起する場合、遺言執行者は被告適格を有する（前掲最判昭和31年9月18日（資料1 判旨【10】）参照)。

(3) 執行処理後の訴訟

遺贈において、遺言執行者がすでに遺言執行として処理をしてしまったことについては当事者適格はない。すでに遺言執行をしてしまったことについては、その権利義務は受遺者に帰属し、遺言執行者の権利義務は有しないからである。

例えば、遺言の執行として、すでに遺贈による所有権移転登記手続が終了した場合、相続人がその登記の抹消登記手続を求める訴訟を提起する場合は、遺言執行者がある場合でも、受遺者を被告とすべきことになる（前掲最判昭和51年7月19日（資料1 判旨【12】))。

(4) 遺言執行と関係がない訴訟

遺贈の場合おいて、遺言執行者の遺言執行と関係がない場合は、遺言執行者に当事者適格はない。例えば、被相続人が負担した債務の弁済を求める訴訟は相続人を被告とすべきである（大判昭和14年6月13日新聞4452号12頁)。

(5) 遺贈の場合の遺言執行者と受遺者の権利行使との関係

①イ　遺言執行者は、遺言執行に必要な行為として、相続人の1人又は第三者のためにされた無効な登記の抹消登記手続を求めることができる（前掲最判昭和51年7月19日（資料1 判旨【12】))。

尚、この場合、遺言執行者は、直接受遺者への所有権移転登記手続を求めることはできず、まず登記名義人を被告として抹消登記手続を求め、登記名義人を被相続人名義に回復した後、受遺者に対して遺贈による移転登記をすることになる（大判昭和15年2月13日判決全集7輯16号4頁、吉井直昭・最判解説昭和43年409頁参照）。

ロ　遺言執行者は、第三者に対して、仮処分申請の手続をすることができる（前掲最判昭和30年5月10日（資料1判旨【9】））。

②イ　受遺者は、遺言執行者がある場合であっても、所有権に基づく妨害排除として、相続人の1人又は第三者のためにされた無効な登記の抹消登記手続を求めることができる（最判昭和62年4月23日民集41巻3号474頁、前掲最判昭和30年5月10日（資料1判旨【14】【9】））。

ロ　受遺者は、自ら遺贈の目的物について仮処分申請をすることができる（前掲最判昭和30年5月10日（資料1判旨【9】））。

③　上記①②の通り、遺言執行者と受遺者の権利行使は競合し、併存しうることになる（魚住庸夫・最判解説昭和62年280頁、河邉義典・最判解説平成11年1008頁）。

4　遺言執行者による和解・調停

⑴　遺言執行者がある場合は、相続人は相続財産の処分その他遺言の執行を妨げるべき行為をすることはできず（民§1013Ⅰ）、遺言執行者が、相続人に代わって、相続財産の管理その他遺言の執行に必要な一切の行為をする権利義務を有するのであるから（同§1012Ⅰ）、遺言執行者は、そのために相当かつ適切と認める行為をすることができる（最判昭和44年6月26日民集23巻7号1175頁）。

したがって、遺言の執行において紛争が生じた場合、裁判上、裁判外を問わず、その解決を図ることが遺言の目的を実現するために、相当かつ適切と認められる場合には、遺言執行者は、和解することができると解され、それは、法が予定しているところであると解される。

したがって、訴訟においても、遺言執行者が当事者となり、その進行過程において和解による解決をはかることができるし、又、裁判外においても和解ができる。

⑵ 遺言執行者が調停の申立をすることも、又は、調停の相手方となった場合も、その中で、調停を成立させることができることも、上記同様、法が予定しているところであると解される。

⑶ 遺言執行者が家庭裁判所から選任された場合に、裁判上ないし裁判外での和解や調停での解決に際し、裁判所の許可を要するのかという問題が考えられる。

① 不在者財産管理人の場合は民法103条（保存行為、利用又は改良行為）の範囲を超えた場合、例えば、訴訟提起や和解・調停の申立のときは、権限外行為として家庭裁判所の許可が必要である（民§28）。

又、相続財産管理人の場合は不在者財産管理人の規定が準用されるので（民§953による§28の準用）、やはり家庭裁判所の許可を要するのである。

② これとの対比から、裁判所から選任された遺言執行者においては、和解・調停を行う場合、裁判所の許可が必要ではないかという問題が考えられる。

しかし、遺言執行者は、不在者財産管理人や相続財産管理人と異なり、遺言の内容を実現するため、相続財産の管理その他遺言の執行に必要な一切の行為をすることができるのであり（民§1012Ⅰ）、又、法律上の規定にも許可を求めている条項はないのであるから、裁判所からの選任に基づくとか遺言者の指定に基づくとかを問わず、裁判所の許可は不要であると解すべきである。

⑷　遺言執行者が和解・調停を行う場合には、遺言執行者は相続人ないし受遺者との間にトラブルが生じないよう、事前に、相続人ないし受遺者と協議をし、その同意を得ておくのが良策である。

尚、遺言執行者と相続人ないし受遺者との間にトラブルが生じ、その解決のために、訴訟や和解・調停ということが生じうるが、その場合の解決については、遺言執行者は、遺言執行者の責任において行うことになろう。

第10章

遺言執行者と弁護士倫理

第1　はじめに

遺言執行者に就職した者が弁護士である場合、遺言執行者の事務処理にかかわることがらが弁護士倫理との関係で問題になる場面が出てくる。

1　弁護士が遺言執行者に就職した場合の立場

弁護士が遺言執行者に就職した場合は、遺言執行者としての立場と弁護士としての立場とが兼併することになる。

(1)　遺言執行者の立場

①　遺言執行者は、遺言の内容を実現するため、相続財産の管理その他遺言の執行に必要な一切の行為をする権利義務を有し（民§1012Ⅰ)、遺言執行者がある場合は、相続人は相続財産の処分その他遺言の執行を妨げるべき行為をすることができない（同§1013Ⅰ)。

すなわち、相続財産の管理処分権は遺言執行者にゆだねられ、遺言執行者は善良な管理者の注意をもってその事務をしなければならない。

　したがって、遺言執行者のこのような地位・権限からすれば、遺言執行者は、特定の相続人ないし受遺者の立場に偏することなく、中立的立場でその任務を遂行することが期待されている。

② 又、遺言執行者は、善管注意義務、報告義務、受取物引渡義務等の義務を負っている（民§1012Ⅲ、§1020、§644、§645～647、§654、§655）。

③ 尚、この善管注意義務（民§644）は、弁護士が遺言執行者に就職した場合は、非弁護士が遺言執行者に就職した場合よりも、専門家責任としての注意義務の程度は高くなると解される（我妻栄『債権各論中巻2（民法講義Ⅴ-3）』（岩波書店、昭和37年）673頁）。

⑵ 弁護士の立場

① 弁護士は、弁護士法や弁護士職務基本規程に基づく義務や責任を負っている。

　すなわち、真実を尊重し、信義に従い、誠実かつ公正に職務を行い（弁職規§5）、名誉を重んじ、信用を維持するとともに、廉潔を保持し、常に品位を高めるように努め（同§6）、利益相反する事件など、職務を行い得ない事件については職務を行ってはならないという規律を受けるのである（弁護§25、弁職規§27、§28）。

② 一方、弁護士は受任した事件については、その依頼者の利益を図るべく行動する職務上の義務がある。

③ そして、弁護士には、弁護士法や弁護士職務基本規程に違反した場合は、懲戒の問題が発生する。

2 弁護士倫理

弁護士が遺言執行者となった場合は、上記の遺言執行者としての立場と弁護士の立場が兼併することになる。その結果、次のような問題が起こる。

(1) 遺言執行者の立場でも、弁護士の立場でも、同じ立場から生じてくる問題で、弁護士倫理として問われるものがある。

事務処理の任務懈怠にかかわる問題である。

(2) 遺言執行者の立場と弁護士の立場が相反する場面として生じる問題で弁護士倫理との関係で問われるものがある。

利益相反ないし公正さにかかわる問題である。

第2 事務処理の任務懈怠にかかわる問題

1 遺言執行者の事務処理の基本的な任務

遺言執行者としては、遅滞なく財産目録を作成して相続人に交付しなければならないし（民§1011 I）、又、遺言執行者としての事務処理をしなければならない基本的な任務がある（民§1007 I、§1012 I）。

さらに、遺言執行者は、遺言者の相続人及び受遺者から請求があるときはいつでもその執行の事務の処理状況を報告し、任務が終了した後は、遅滞なくその経過及び結果を報告しなければならず（民§1012 III、§645）、保管、管理物があるときは、これを引き渡さなければならない（同§1012 III、§646）。

これらを、弁護士である遺言執行者が怠った場合に、弁護士に対する懲戒の問題が発生する。

2　遺言執行者の事務処理の任務懈怠にかかわる懲戒事例

この事務処理の任務懈怠として、次のような懲戒事例がある。いずれも2008年（平成20年）1月号から2021年（令和3年）10月号までの「自由と正義」に公告された懲戒事例の中から選んだものである。

尚、懲戒事例をみてみると、問題点が複合的に重なって、それが合わさって1つの懲戒とされている例が多く、必ずしも事務処理の任務懈怠の問題だけといえないものもあるが、それらも便宜上、任務懈怠の中に分類したものもある。又、関連する部分のみを掲げたものもある。

尚、懲戒請求人をX、被懲戒者をY、被相続人をAとする。

⑴　関係者へ連絡せず、照会にも応じなかった事例

①　YはAの公正証書遺言を作成するにあたり、その証人となり、かつ、遺言執行者に指定されていたところ、Aが死亡したにもかかわらず、受遺者Bに連絡せず、Bの代理人弁護士から3度にわたって、遺言執行者に就職するか否かの照会を受け、財産目録の作成及び交付請求並びに遺言に基づく金員の支払請求を受けたが、一切応じなかった。

②　これについて、a弁護士会は、Yの上記行為は弁護士職務基本規程5条および35条に違反し、弁護士法56条1項に該当するとした。

⑵　遺言執行者の就職の通知をせず、相続財産目録を作成しなかった事例

①　YはAの公正証書遺言により遺言執行者に選任されていた。

Yは Aの死亡を知り、遺言執行の事務に着手した。しかし、Yは亡Aの相続人であるXに遺言書の存在及び遺言執行者就職の事実を伝えず、亡Aの相続人の1人Bの依頼であると明記して、相続人Xに文書にて手続への協力を求めるなどをした。又、Yは相続財産目録を作成せず、Xからの再三の交付請求にも応じなかった。

② これについて、b弁護士会は、Yの上記行為は遺言執行者としての基本義務の履行を怠り、任務の公正さを疑わせるものであって、弁護士法56条1項に該当するとした。

(3) 遺言執行者の就職の通知をしたが、相続財産目録の作成等をしなかった事例

① Yは公正証書遺言によって遺言執行者に指定され就職した。

Yは相続財産の収集・管理に着手し、相続人らに遺言執行者に就職した旨の通知をした。

しかし、Yは、その後、誠意ある業務執行を行わず、業務執行状況の報告を怠り、又、相続財産目録の作成もしなかった。

② これについて、c弁護士会は、Yの上記行為は、弁護士法56条1項に該当するとした。

(4) 相続財産目録を遅滞なく交付しなかった事例

① Yは、Aの自筆証書遺言により、平成20年10月、遺言執行者に選任された。Yは、Xらからの遺言執行者解任申立事件において、平成24年3月に相続財産目録と題する書面を証拠として提出したにすぎず、民法1011条1項に定める相続財産目録を遅滞なく交付しなかった。

又、相続人であるXらは、平成21年4月に、文書で、Yに、遺言執行の状況の説明を求めたのに、Yは報告しなかった。

② これについて、d弁護士会は、Yの上記行為は、弁護士法56条1項に該当するとした。

⑸ 遺留分のない相続人に対する相続財産目録の交付等をしなかった事例

① Yは、遺産全部を相続人1人に相続させる旨のAの公正証書遺言に関し、遺言執行者に就職した。

遺留分のない相続人であるXらは、Yに相続財産目録を作成して交付するよう再三求めたが、Yは作成・交付せず、また遺言執行の経過及び結果を報告しなかった。

② これについて、e弁護士会は、Yの上記行為は、弁護士法56条1項に該当するとした。

⑹ 共同相続人の一部に相続財産目録を交付しなかった事例

① Yは、Aの公正証書遺言に関し遺言執行者に就職し、遺言執行事務を終了し、報酬を取得した。

Yは、遅滞なく相続財産目録を作成し、相続人に交付しなければならないにもかかわらず、共同相続人4人のうち、1名に遺産目録を添付した報告書を交付しただけで、他の相続人には民法1011条1項に定める相続財産目録を交付しなかった。

② これについて、f弁護士会は、Yの上記行為は遺言執行者としての基本的義務の履行を怠り、任務の公正さを疑わせるものであって、弁護士法56条1項に該当するとした。

⑺ 保管、管理品の引渡をしなかった事例

①**イ** Yは、Aの遺言執行者に就職したところ、包括受遺者Xから遺贈の履行を求められたが、相続財産の引渡をせず、

X申立の紛議調停にも出頭せず、又、Xから家庭裁判所に遺言執行者の解任申立をされたが、出頭しないまま辞任の申立をし、裁判所から辞任許可の審判を受けたにもかかわらず、裁判所から選任された後任の遺言執行者にも相続財産を引き渡さなかった。

ロ　これについて、g弁護士会は、Yの上記行為は、弁護士法56条1項に該当するとした。

②イ　Yは遺言執行者として、集めた遺産のうち、預金解約金の保管を事務員に任せきりにし、8ヵ月間通帳の確認等をしないでいたところ、上記預金の大部分を事務所経費等の決済資金に流用され、返還できなくなった。

ロ　これについて、h弁護士会は、Yの行為は、弁護士職務基本規定39条（預り品の保管）及び19条（事務職員等の指導監督）に違反し、弁護士法56条1項に該当するとした。

③イ　Yは家庭裁判所から亡Aの自筆証書遺言の遺言執行者に選任され、遺言執行は終了し、亡Aの預貯金口座から回収した預貯金から執行手続の経費を支出した残額金（約1000万円）を保管していた。

Yは、上記遺言書には遺言執行者の報酬が定められていなかったにもかかわらず、家庭裁判所に遺言執行者の報酬付与審判申立をすることなく、相続人であるXに対して、書面にて、上記残額金全額をYの報酬及びYが税理士に対して支払うべき報酬の合計額とする旨一方的に通知し、Xから遺言執行者の報酬付与審判申立を行うことや上記金員の返還を求められたが、これに応じなかった。

ロ　これについて、i弁護士会は、Yの上記行為は、弁護士法56条1項に該当するとした。

(8) 相続財産目録の記載の不正確さと検認申立をしなかった事例

① Yは、亡Aの公正証書遺言に指定された遺言執行者として、遺言書と記載された未開封の封筒を含む亡Aの遺留金品を受領した。

Yは、相続財産の目録を作成するにあたり、その目録中の上記封筒の表示として「表に遺言書と記載」と記載すべきであったにもかかわらず、単に「封筒（未開封）」と記載しただけで正確な表示をしなかった。

Yは、遺言執行者として、遺言書と記載されている未開封の上記封筒を保管していたのであるから、家庭裁判所に検認の申立をすべきであったにもかかわらず、検認の申立を行わなかった*1。

*1 公正証書遺言であれば検認は不要であるが、「未開封の遺言書」である場合は、その封筒の中味が新たな遺言書の場合が考えられ、又それが自筆証書遺言であるのか、公正証書遺言が入っているのかは不明であるから、とにかく家庭裁判所に検認手続をとるべきことになる（民§1004 I）。

② これについて、j弁護士会は、Yの上記行為は、弁護士法56条1項に該当するとした。

(9) 遺言書に記載のあった土地の調査を怠った事例

① Yは、亡Aの公正証書遺言で遺言執行者に指定されていたところ、Aの死亡（平成3年）を知り、遺言執行者に就職することを承諾していたにもかかわらず、遺言書に記載のあった土地の調査を怠ったため、Aの死亡後の6日後に法定相続に基づく所有権移転登記がなされたことを知らず、平成13年に知った後も放置し続け、平成25年に所有権移転登記抹

消登記手続請求訴訟を提起するまで遺言執行者としての職務を怠った。

② これについて、k弁護士会は、Yの上記行為は、弁護士職務基本規程35条に違反し、弁護士法56条1項に該当するとした。

⑽ 業務遂行の説明も報告もせず、預かり保管金を他の者に交付した事例

① Yは、亡Aの遺言について、Bがなした遺言執行者選任申立事件により、遺言執行者に選任されて業務を行ったが、業務遂行状況について、Bに説明も報告もせず、業務の終了時の清算として、預かり保管中の金員すべてを、Bを紹介したCに交付し、報酬についてもBと一切協議せず、提案もせず、Cから報酬金を受領した。

② これについて、l弁護士会は、Yの上記行為は、弁護士職務基本規程36条、24条に違反し、弁護士法56条1項に該当するとした。

⑾ 払戻預り金を費消した事例

①**イ** Yは、亡Aの遺言執行者に就職したが、財産目録を作成せず、包括受遺者及び相続人に財産目録の交付及び報告もせず、相続人からの業務遂行についての照会に対しても報告しなかった。

Yは、相続人の承諾を受けて、Y名義の預り金口座に入金したA名義の預貯金から、無断で払戻し、費消した。

ロ これについて、m弁護士会は、Yの上記行為は、弁護士法56条1項に該当するとした。

②**イ** Yは、亡Aの遺言執行者でありながら、A遺言執行者Y

名義の口座から数回に分けて預金を引き出し、自己の財産と混同させた上、精算もせず、さらに、報酬に関する定めがなかったにもかかわらず、裁判所に報酬付与審判申立を行うこともなく、また相続人等全員との間に報酬に関する合意もないまま、独自の報酬基準により、遺言執行報酬名目で、上記口座から預金を引き出した。

ロ　これについて、n弁護士会は、Yの上記行為は、弁護士職務基本規程38条に違反し、弁護士法56条1項に該当するとした。

③イ　Yは、亡Aの遺言執行者に就職し、遺産の預貯金を順次払戻し、Y名義の預り金口座に入金し預り中のところ、その預り金の一部を事務所経費、生活費等に流用した。

ロ　これについて、o弁護士会は、Yの上記行為は、弁護士法56条1項に該当するとした。

④イ　Yは、亡Aの遺言執行者から委任を受けて、遺産の預貯金を解約して預り中のところ、その中から受遺者に支払った残金を事務所内装工事費、事務所経費、借金返済等の自己の用途に費消した。

ロ　これについて、p弁護士会は、Yの上記行為は、弁護士法56条1項に該当するとした。

⑿　預り金を返還しなかった事例

①イ　Yは、亡Aの遺言執行者に就職し、遺産を管理していたところ、そのうちの一部を遺言執行者の報酬に充当するとして返還せず、相続人から返還請求訴訟が提起され、返還を命じる判決が確定した後も返還しなかった。

ロ　これについて、q弁護士会は、Yの上記行為は、弁護士職務基本規程45条に違反し、弁護士法56条1項に該当するとした。

②イ　Yは、亡Aの遺言執行者として、預貯金の解約手続に着手し、財産目録を作成した。その財産目録に記載のない銀行預金がある旨相続人Cの代理人から連絡を受け、その預金を解約し払戻しを受けた。その金員をCに返還する約束をしたが、約束の期日までに履行しなかった。

ロ　これについて、r弁護士会は、Yの上記行為は、弁護士法56条1項に該当するとした。

第3　利益相反ないし職務の公正さにかかわる問題

1　はじめに

弁護士が遺言執行者となった場合において、遺留分減殺請求など相続人間に遺言や相続財産に関して紛争が生じた場合、遺言執行者となった弁護士は一部の相続人の代理人となれるかという問題がある（尚、「遺留分減殺請求」は民法改正により「遺留分侵害額請求」となった）。

この問題については、遺言執行者となった弁護士は、相続人間の紛争に関し、特定の相続人の代理人に就任すべきではなく、就任した場合は、懲戒事由にあたるとされている。

その理由とするところは、日弁連懲戒委員会においては、弁護士職務基本規程27条、28条の利益相反の問題としてとらえる見解に基づく議決と、同規程5条、6条の職務の公正さに対する信頼確保の問題としてとらえる見解に基づく議決とに分かれているようであるが、結論としては懲戒処分としている＊2＊3。

尚、「自由と正義」に掲載されている各単位会の判断も、上記と同様、見解が分かれているようである。

＊2　この点について、解説弁護士職務基本規程98頁以下に詳述されている。

＊3　資料3 関連法規【3】参照。

2　利益相反ないし職務の公正さにかかわる裁判事例

これに関して、次のような裁判事例がある。

尚、懲戒請求人をX、被懲戒者をY、被相続人をAとする。

(1)　利益相反の問題とした裁判事例

①**イ**　Yは、Aの公正証書遺言で遺言執行者に指定された（尚、Yはこの公正証書作成について弁護士として関与し、その証人にもなっている）。

Aの死亡後、その相続人であるXらから相続財産目録の交付要求があり、これに対してYは調査中につき猶予を求める旨の通知をした。

ロ　その後、Xらは、相続人Bを相手方として遺留分減殺請求の調停の申立をした。

YはBから依頼され、Bの代理人を受任した。

ハ　YはBの代理人として、第1回調停期日前に、裁判所に、遺産に関してAのもの以外のものも含めて調査中である旨の上申書を提出した。

Xらから再度相続財産目録の交付要求を受けた。

その後、Xらの代理人から、遺言執行者であるYが本件調停事件の相手方Bの代理人になりうるかについて意見を述べたい旨の意見書が提出された。

このため、ＹはＢの代理人を辞任し、第１回調停期日に出頭しなかった。

二　Ｘは、Ｙが本件遺言の遺言執行者でありながら、本件調停事件でＢの代理人になったことを理由に懲戒請求をした。

②　ａ弁護士会は、Ｙが本件遺言の遺言執行者に就職した事実は認められないとして、懲戒手続に付さなかった。

これに対しＸは日弁連に異議申出をした。

尚、遺言執行は完了していない。

③　これについて日弁連懲戒委員会は、Ｙについて、黙示的に遺言執行者に就職することを承諾していると認定したうえで、Ｙは遺言執行者としての職務を完了する前に遺留分減殺請求の調停事件の相手方であるＢの代理人となったのは、受任している事件（遺言執行者としての事務）と利害相反する事件を受任したもので、弁護士倫理26条２号に違反するとして、懲戒処分の裁決をした（「弁護士倫理」は弁護士職務基本規程が制定される前の規程である）。

④　Ｙは、この処分を不服として、東京高裁に裁決の取消訴訟を提起した。東京高裁は、Ｙについて、遺言執行者への就職を黙示的に承諾していたと認定したうえで、「遺言執行者は、相続財産の管理その他遺言の執行に必要な一切の権利義務を有し（民法1012条）、遺言執行者がある場合には、相続人は、相続財産の処分その他遺言の執行を妨げるべき行為をすることができない（同1013条）。すなわち、遺言執行者がある場合には、相続財産の管理処分権は、遺言執行者にゆだねられ、遺言執行者は善良なる管理者の注意をもって、その事務をし

なければならない。したがって、遺言執行者の上記のような地位・権限からすれば、遺言執行者は、特定の相続人ないし受遺者の立場に偏することなく、中立的立場でその任務を遂行することが期待されているのであり、遺言執行者が弁護士である場合に、当該相続財産を巡る相続人間の紛争について、特定の相続人の代理人となって訴訟活動をするようなことは、その任務の遂行の中立公正を疑わせるものであるから、厳に慎まなければならない。弁護士倫理26条2号は、弁護士が職務を行い得ない事件として、『受任している事件と利害相反する事件』を掲げているが、弁護士である遺言執行者が、当該相続財産を巡る相続人間の紛争につき特定の相続人の代理人となることは、中立的立場であるべき遺言執行者の任務と相反するものであるから、受任している事件（遺言執行事務）と利害相反する事件を受任したものとして、上記規定に違反するといわなければならない」として、日弁連懲戒委員会の結論を支持した（東京高判平成15年4月24日判時1932号80頁）。

(2) 職務の公正さにかかわる問題とした裁判事例

①イ　Aは、相続人5人に、それぞれ指定の不動産を相続させる、その余の預貯金、株券、その他の債権及び動産はBに相続させる、Bを祭祀承継者と指定する、Yを遺言執行者と指定する、とすることを内容とする公正証書遺言を作成した。

Aが死亡後、Yは遺言執行に着手し、不動産以外の預貯金については解約をして払戻金を、又、株式その他の動産類を、いずれもBに引き渡した。

不動産はそれぞれ相続させるとする物件を、B、Xらいずれも自ら相続登記をしたので、Yの遺言執行は終了した。

ロ　遺言執行終了後、XらはY作成の財産目録には現金の記載がなかったとして、財産目録の再調整をするよう求めたが、Yは必要なしとしてこれに応じなかった。

ハ　Xら3人は、その後、Bら2人を相手方として遺言無効確認訴訟を提起し、Yは、Bら2人の委任を受けて、その訴訟代理人として訴訟活動をした。同訴訟はXらの請求を棄却する判決があり、Xらは控訴したが、控訴棄却となった。

ニ　Xらは、Yが特定の相続人の訴訟代理人となったことは遺言執行者の職務が終了していたとしても、弁護士の信用・品位の保持及び職務の公正の確保という観点から旧弁護士倫理26条2号（受任している事件と利害相反する事件については職務を行ってはならないとする内容の規定）に違反するとして懲戒請求をした。

②　b弁護士会は、遺言執行が終了した後は懲戒の対象とすべき非違行為とはいえないとして懲戒しなかった。

これに対し、Xらは日弁連に異議申出をした。

③　これについて日弁連懲戒委員会は「遺言執行者は、特定の相続人の立場に偏することなく、中立的立場でその任務を遂行することが期待されているのであって、当事者間に深刻な争いがあり、話し合いによっては解決することが困難な状況があった場合は、遺言執行が終了していると否とに関わらず、遺言と相続財産を巡る相続人間の紛争について、特定の相続人の代理人となって訴訟活動することは慎まなければな

らない。……本件は、旧弁護士倫理第26条第2号の問題ではなく、正しくは旧弁護士倫理第4条、同第5条による、弁護士の信用と品位の保持、職務の公正の確保の問題である」として、懲戒相当と裁決した。

④　Yは、この日弁連の懲戒処分決定を不服として、東京高裁に、裁決の取消訴訟を提起した。

東京高裁は「遺言執行者は、特定の相続人ないし受遺者の立場に偏することなく、中立的立場においてその任務を遂行することが期待されているものというべきである。また、旧弁護士倫理4条においては、弁護士は、信義に従い、誠実かつ公正に職務を行うことを、同5条においては、弁護士は、名誉を重んじ、信用を維持するとともに、常に品位を高め教養を深めるように努めることをそれぞれ定めており、遺言執行者となる弁護士については、このような弁護士としての立場に照らして、その職務の中立、公正さが一層要請されるものというべきである。

しかるところ、弁護士Yは、知合いの相続人の1人であるBを介して被相続人Aの依頼をうけたこと、本件遺言が遺産の大部分を同居する相続人Bが取得するとする内容であったことなどから、弁護士Yには、他の相続人から、相続人Bの利益を擁護する者ではないかとの疑いをもたれる要素があったのであり、したがって、そのような状況において遺言執行者の職に就いた弁護士としては、他の相続人らから疑いをもたれることのないよう、あるいはそのような疑いを解消するように努めるべきであったというべきである。ところが、弁護士Yは、懲戒請求人らからの現金の調査等の要求にも応じないなど、その対応振りは、上記のような状況において就任した遺言執行者として十分なものであったとはいえず、その職務の中立、公正さに対する懲戒請求人らの疑問を増幅させる結果となっていたものと認められる。

そして、このような経緯において、弁護士Ｙが、懲戒請求人らが提起した本件確認訴訟において、Ｂらの訴訟代理人を受任することとなれば、弁護士Ｙが当初から相続人Ｂの利益の擁護者として本件遺言内容の実現にあたる者であったとの疑いを更に深める結果となることは容易に予想することができたというべきであり、しかも、弁護士Ｙの訴訟代理人としての活動は相続財産をめぐる相続人間の問題について具体的に立ち入らざるを得ないものであることも十分に予見し得たものであることからすると、弁護士Ｙは、上記のような疑いをもたれることのないよう、本件確認訴訟の相続人Ｂらの訴訟代理人を受任することについて消極の対応をすべきことが期待されていたものというべきである。

それにもかかわらず、弁護士Ｙは、本件確認訴訟を受任し、その訴訟追行にあたったものであり、弁護士Ｙの上記行為は、遺言執行者の職務の中立、公正に対する信頼を害するおそれがある行為であったと認められ、また、同時に、遺言執行者となった弁護士の職務の公正さに対しても疑いを生じさせるおそれがある行為であったと認めることができる」とし、日弁連懲戒委員会の結論を維持した（東京高判平成18年12月12日判タ1283号30頁）。

3　利益相反ないし職務の公正さにかかわる懲戒事例

弁護士が遺言執行者の場合で、利益相反ないし職務の公正さにかかわる懲戒問題となった事例をみると、次のようなものがある。

いずれも2008年（平成20年）1月号から2021年（令和3年）10月号までの「自由と正義」に公告された懲戒事例の中から選んだものである。

尚、懲戒事例をみてみると、事務処理の任務懈怠に関する場合と同様に、利益相反ないし職務の公正さにかかわる問題以外に、問題点が複合的に重なってそれが合わさって1つの懲戒とされている例が多く、必ずしも利益相反ないし職務の公正さの問題だけといえないものもあるが、便宜上、利益相反ないし職務の公正さにかかわる問題の中に分類したものもある。

尚、懲戒請求人をX、被懲戒者をY、被相続人をAとする。

(1)　利益相反の事例

①　Yは、Aの公正証書遺言で遺言執行者に指定されていた。

Aの相続開始後、Aの子である受遺者Bの代理人となり、Aの子Xに対し、XのBに対する遺留分減殺請求に関し提案を行った。その後、Xの代理人から、Yに対し、遺言執行者に就職するか否かの照会があり、Yは書面で就職受諾の通知をした。

②　これについて、a弁護士会は、Yの上記行為は弁護士職務基本規程28条3号に違反し、弁護士法56条1項に該当するとした。

(2) 遺言執行者が相続人間の争いにおいて他の相続人の一方の代理人として職務を行った事例

① 遺言執行者が遺留分減殺請求調停事件の代理人となった事例

イ Yは、Aの遺言執行者に選任された。

Aの相続人Xは、Aの相続人Bを相手方として遺留分減殺請求調停の申立をした。

YはBの代理人となり、同調停に出席し、代理人としての活動を行った。

ロ これについて、b弁護士会は、Yの上記行為は、遺言執行者の職務中立、公正性に対する信頼を害するおそれがある行為であり、弁護士法56条1項に該当するとした。

② 遺言執行者が遺留分減殺請求調停事件の代理人及び遺産分割調停事件の代理人となった事例

イ Yは、亡Aの相続に関し、Aの妻Bの代理人として遺言の検認手続に出頭し、その後、Bの依頼を受け、Y自らを候補者とする遺言執行者選任の申立をした。

Aの他の相続人であるXは、Bらを相手方とする遺留分減殺請求調停を申し立てていて、その後、Yは遺言執行者に選任されたうえで、Bらの代理人となって活動した。さらに、Yは上記調停係属中にBの委任を受けて他の相続人を相手方として遺産分割の調停の申立をした。

又、Yは、遺言の中に相続人の1人を廃除する旨の記載があるのに、推定相続人廃除の申立をしなかった。

ロ これについて、c弁護士会は、遺言執行者としての職務が終了していない事項に直接関係する紛争が相続人間で生じた場合に、特定の相続人から当該紛争に関し事件を受任することは、遺言執行者の解任事由にもなりうるのであるから、遺言執行者にはこれを回避すべき職務上の義務があり、その一環としていずれの相続人に対する関係においても信頼関係上の距離感をもった中立的立場を保持すべきである。それにもかかわらず、YがBらから遺留分減殺調停等の事件を受理したのは、遺言執行者としての職務の中立性を害するものであり、弁護士法56条1項に該当するとした。

③ 遺言執行者が遺産分割調停事件の事件処理に関与し、遺留分減殺請求訴訟事件の代理人となった事例

イ **a** YはAの遺言執行者に就職した。

Aの相続人B、Cは、相続人Xに対して、遺留分減殺請求後、Xを相手方として遺産分割の調停を申し立てた。

Yは、Xから相談を受け、同じ事務所の他の所属弁護士に同調停事件を受任させ、その弁護士と共に相談を受けて事件処理をした。

b 同調停は不成立となったため、Bが提起したXらを被告とする遺留分減殺請求訴訟について、YはXらの訴訟代理人に就任して当該訴訟を追行した。

c Yは、上記調停事件及び上記訴訟事件の弁護士費用を、Aの遺産から直接支出し、受領した。

ロ これについて、d弁護士会は、上記**a**・**c**の行為は弁護士職務基本規程5条及び6条に、**b**の行為は弁護士職務基本規程28条に違反し、いずれも弁護士法56条1項に該当するとした。

④　遺言執行者が相続財産の土地に関する訴訟の代理人となった事例

イ　Ｙは遺言執行者に選任されたが、相続財産の目録の作成及び相続人に対する交付をせず、さらに相続人Ｂの代理人として、相続人Ｃに対し、相続財産である土地に関して訴訟を提起した。

ロ　これについて、ｅ弁護士会は、Ｙの上記行為は、遺言執行者としての義務に著しく反するとともに、弁護士職務基本規程５条及び６条に違反し、弁護士法56条１項に該当するとした。

⑤　遺言執行者が相続財産の建物について仮処分申立、明渡を求める訴訟の代理人となった事例

イ　Ｙは遺言執行者に選任され、相続財産である不動産について遺言執行を終えたが、その間、相続財産である建物について、相続人Ｂらの代理人として、相続人Ｘに対し、占有移転禁止仮処分の申立を行い、同仮処分決定に基づく保全執行を行い、さらに遺言執行を終えた後、明渡等を求める本案訴訟を提起した。

ロ　これについて、ｆ弁護士会は、Ｙの上記行為は、弁護士職務基本規程28条３号、５条、６条に違反し、弁護士法56条１項に該当するとした。

⑥　遺言執行者が競売申立の代理人となった事例

イ　Ｙは、Ｂに全財産を相続させる旨のＡの遺言の遺言執行者に就職した。

その後、Ｘから遺留分減殺請求を受けたので、Ｙは、Ｂ及びＸに対し、相続及び遺留分減殺請求によりＢ及びＸの共有となった土地建物を売却して代金を分配することを提案したが、Xの同意を得られなかった。

その後、Yは、Bの依頼を受けて、土地についてXを被告として、共有物分割請求訴訟を提起した。

Yは、Xの訴訟代理人から、遺言執行者がBの代理人になることについての疑義を指摘され、Bの訴訟代理人を辞任したが、同訴訟はYの法律事務所の勤務弁護士により追行された。そして、その判決に基づき、Yは、平成21年、Bの代理人として競売申立をした。

ロ　これについて、g弁護士会は、Yの上記行為は、弁護士職務基本規程5条及び6条に違反し、弁護士法56条1項に該当するとした。

⑦　他に、下記の事例がある（事件の経過等は省略した）。

いずれもYが相続人間の争いにおいて他の相続人の一方の代理人として職務を行った事例で、上記同様、弁護士法56条1項に該当するとされた。

イ　遺言無効確認等請求訴訟事件の相手方の代理人となった事例

ロ　代理人として共有物分割訴訟を提起した事例

ハ　共有物分割審判事件の相手方の代理人となった事例

ニ　養子縁組無効確認訴訟の相手方の代理人となった事例

ホ　建物収去土地明渡請求訴訟事件の相手方の代理人となった事例

ヘ　遺留分減殺請求に関する価額弁償の額をめぐる紛争において、一方の当事者の代理人となった事例

(3) 遺言執行者の任務終了後に問題とされた事例

①　Yは、亡Aの遺言執行者となり、その遺言執行の任務は終

了した。

その後、XとAの妻Bとの間に、遺産分割に関し争いがあり、YがBの代理人として、Xを相手方とする遺産分割調停を申し立て、代理人として調停に関与した。

② これについて、h弁護士会は、Yの上記行為は、弁護士職務基本規程5条及び6条に違反し、弁護士法56条1項に該当するとした。

(4) 遺言書の取扱いが問題とされた事例

① 遺言執行者が2つの遺言書があると知りながら、後でなされた遺言書を無視して遺言執行した事例

イ Yは、Aから遺言書作成について相談を受けて助言し、Aは、A所有の不動産を含む一切の財産を妻Bに相続させる旨及びYを遺言執行者に指定する旨の内容の遺言書①を作成した。

その後、Yは、再度Aから遺言書作成について相談を受けて助言し、Aは、Aが所有する建物の共有持分2分の1をXに遺贈する旨及びYを遺言執行者とする旨の遺言書②を作成した。

Aはその後、死亡し、遺言書②の効力が生じた。

Yは、遺言書①が遺言書②によって共有部分に関する限り撤回されていることを知悉しながら、遺言書①に基づいて遺言執行することがAの真意と考え、遺言書②を無視して、Bに対して共有持分について相続を原因とする所有権移転登記手続をしたうえ、Xに対して事後的に金銭で清算しようとした。

ロ これについて、i弁護士会は、上記行為は弁護士として法令に従い誠実かつ公正に職務を果たしたものということはできず、弁護士法56条1項に該当するとした。

② 2つある遺言書のうち、1つの遺言書の存在及び内容を明らかにしなかった事例

イ a Yは、

Aの平成5年2月11日付自筆証書遺言
Aの妻Bの平成5年2月11日付自筆証書遺言
Aの平成5年2月25日付公正証書遺言
Bの平成5年2月25日付公正証書遺言

において遺言執行者に指定されていた。

A及びBの自筆証書遺言は、いずれもAとBの子であるC、D、E、Fの4人のうち、Fにすべての財産を相続させる内容であった。

A及びBの公正証書遺言はいずれも各自の所有不動産を法定相続人に共有又は単独で相続させる内容であった。

平成5年11月13日にAが死亡した後、Aの公正証書遺言について、相続人Dが他の相続人を被告として、遺言無効確認訴訟を提起し、無効確認判決が確定した。

b 平成15年11月24日、Bが死亡し、Yは、平成16年1月20日、Bの自筆証書遺言の検認を申し立てたが、相続人らに対しBの公正証書遺言を開示しなかった。

c Yは、平成16年2月26日に検認が実施されるまで相続開始から10年以上の間、Aの自筆証書遺言を開示せず、C、D、Eの遺留分減殺請求権を時効消滅させた。

ロ これについて、j弁護士会は、遺言執行者を指定した遺言があるときは、法定相続人は、相続財産の処分行為などを行い得なくなり、また、遺言の内容は、法定相続人が相続を承認するか放棄するかを判断する重要な資料となるのであるから、遺言によって遺言執行者の指定を受けた者は、直ちに、就職の可否を明らかにし、就職した場合は遅滞なく相続財産の目録を調整して法定相続人に交付しなければならず、それと並んで、法定相続人その他の利害関係人に対して遺言書の存在及び内容を明らかにすることが求められる。この点に鑑みると被懲戒者の上記bの行為はこの義務に違反し、cの行為は弁護士の職務を果たさなかったものであって、いずれも弁護士法56条1項に該当するとした。

⑸ その他の関連する事例

① 遺言執行者選任申立の依頼を受けたのにそれをせず、遺産分割手続を進めた事例

イ Yは、Aの子であるXら及び受遺者Bから、遺言執行者選任の申立を受任し、同時に遺産分割協議書の作成を受任した。

Yは、その後、BがAの存命中から死亡後にかけてAの預金を引き出していることが判明したことから、XらとBとの間に利害対立の可能性が生じたにもかかわらず、遺言執行者選任の申立を行わず、依頼者全員の代理人として遺産分割手続を進めた。

ロ これについて、k弁護士会は、Yの上記行為は弁護士法56条1項に該当するとした。

② 相手方の遺留分減殺請求について協議後、家庭裁判所に自己を遺言執行者に自薦する内容の遺言執行者の選任申立をして選任され、その後、裁判所から辞任を求められたことから、辞任許可の申立をしたが、その辞任許可がなされるまで、特定の相続人の代理人として相続財産の調査等を行った事例

イ Ｙは、Ｂ及びＸを相続人とするＡの相続に関し、Ｂの代理人として相続財産の調査を行い、Ｘの代理人との間でＸのＢに対する遺留分減殺請求について協議を行った。

Ｙは、その後、Ａの自筆証書遺言について自己（Ｙ）を遺言執行者に自薦する内容の遺言執行者選任の申立をし、遺言執行者に選任された。

その後、Ｙは、家庭裁判所から遺言執行者の辞任を求められたので、辞任許可の審判の申立をしたものの、辞任許可がなされる前に、ＹはＢの代理人として相続財産の調査等を行った。

ロ これについて、1弁護士会は、Ｙの上記行為は弁護士職務基本規程5条、6条及び28条3号に違反し、弁護士法56条1項に該当するとした。

③ 依頼者に弁護士の立場と遺言執行者の立場の兼併について説明義務を尽くさず、その不利益を理解させないまま受任した事例

イ Ｙは、Ｘから、父Ａの相続事件について相談を受けた。

Ａは、特定財産について相続人を指定の他、長男Ｂの廃除を内容とする遺言書を残していたので、ＸはＹに対して、遺産の調査とＢに対して相続放棄を求める内容での遺産分割協議を依頼し、着手金を支払った。

Ｙは、Ｘに、Ｙを候補者とする遺言執行者選任の申立をさせ、Yが遺言執行者に選任された。

一方、その申立と選任を受ける間に開かれたAの遺言書の検認期日には、YがXの代理人として出頭した。

Yは、遺言執行者に選任された後、Bの推定相続人廃除の申立をしたが、後日、却下となった。

その後、Xから遺言執行者の辞任及び着手金の返還を求められたので、Yは、家庭裁判所に遺言執行者の辞任許可の審判申立を行ったが、家庭裁判所は却下した。

その後、Yは、遺言執行者として遺産分割調停を申し立てた。

□　これについて、m弁護士会は、特定の相続人から依頼を受けた代理人弁護士は、当該相続人の利益をはかるべく行動する職務上の義務があり、一方、遺言執行者は特定の相続人に偏することなく中立的立場で職務を遂行することが期待されており、両者の立場を同時に兼併することは利益相反であり、廃止前の弁護士倫理26条2号に反する。また、Xに対し、上記の両者の立場の兼併について説明義務を尽くさず、その不利益を理解させないまま受任したことは不適切である。Yの上記行為は、弁護士法56条1項に該当するとした。

4　弁護士としての対応

(1)　遺言執行者である弁護士が、一部の相続人の代理人となった場合、形式的に直ちに弁護士職務基本規程に違反するということではなく、当事者の利益や遺言執行者の公正性・信頼性が害されたか否かによって、実質的に判断されるべきことではあるが、上記事例を通してみてみると、弁護士が遺言執行者に就職した場合は、遺言執行が終了していない時点においては、一部の相続人の代理人になるのは、やはり差し控えるべきであろう。

(2) 遺言執行が終了した場合においても、当該相続財産にからむ紛争に関し、遺言執行者であった弁護士が、一部の相続人の代理人となれるのかという問題がある。

この場合でも、遺言執行者として中立・公正さを求められていた職責・職務の立場からみて、遺言執行者であった弁護士が、当該相続財産にからむ紛争の一部の相続人の代理人となることは、やはり差し控えるべきであろう（解説弁護士職務基本規程99頁）。

前記2(2)の職務の公正さにかかわる問題とした裁判事例（東京高判平成18年12月12日判タ1283号30頁）は、遺言執行を終了した後の事案であり参考になる。

(3) 尚、弁護士は、法令により官公署から委嘱された事項について、職務の公正を保ち得ない事由があるときは、その委嘱を受けてはならないので（弁職規§81）、職務の公正を保ち得ない事由があるのに、家庭裁判所からの遺言執行者の委嘱を受けた場合は、職務基本規程のどの条項（§5、§6、§27、§28等）に抵触すると見るかの見解はともかく、少なくとも同規程81条に違反することとなる。

委嘱を受けた後、職務の公正を保ち得ない事由があると気づいたにもかかわらず、なお職務を継続した場合は、同規程81条に違反するとされる可能性があるので注意を要する（解説弁護士職務基本規程219頁）。

資料1　判旨

Ⅰ　相続させる遺言に関する判例

【1】　最判平成3年4月19日民集45巻4号477頁【平成3年判決】

【判示事項】

1　特定の遺産を特定の相続人に「相続させる」趣旨の遺言の解釈

2　特定の遺産を特定の相続人に「相続させる」趣旨の遺言があった場合における当該遺産の承継

【裁判要旨】

1　特定の遺産を特定の相続人に「相続させる」趣旨の遺言は、遺言書の記載から、その趣旨が遺贈であることが明らかであるか又は遺贈と解すべき特段の事情のない限り、当該遺産を当該相続人をして単独で相続させる遺産分割の方法が指定されたものと解すべきである。

2　特定の遺産を特定の相続人に「相続させる」趣旨の遺言があった場合には、当該遺言において相続による承継を当該相続人の意思表示にかからせたなどの特段の事情のない限り、何らの行為を要せずして、当該遺産は、被相続人の死亡の時に直ちに相続により承継される。

【判決要旨】

「遺言者は、各相続人との関係にあっては、その者と各相続人との身分関係及び生活関係、各相続人の現在及び将来の生活状況及び資力その他の経済関係、特定の不動産その他の遺産についての特定の相続人のかかわりあいの関係等各般の事情を配慮して遺言をするのであるから、遺言書において特定の遺産を特定の相続人に『相続させる』趣旨の遺言者の意思が表明されている場合、当該相続人も当該遺産を他の共同相続人と共にではあるが当然相続する地位にあることにかんがみれば、遺言者の意思は、右の各般の事情を配慮して、当該遺産を当該相続人をして、他の共同相続人と共にではなくして、単独で相続させようとする趣旨のものと解するのが当然の合理的な意思解釈というべきであり、遺言書の記載から、その趣旨が遺贈であることが明らかであるか又は遺贈と解すべき特段の事情がない限り、遺贈と解すべきではない。そして、右の『相続させる』趣旨の遺言、すなわち、特定の遺産を特定の相続人に単独で相続により承継させようとする遺言は、前記の各般の事情を配慮しての被相続人の意思として当然あり得る合理的な遺産の分割の方法を定めるものであって、民法908条において被相続人が遺言で遺産の分割の方法を定めることができるとしているのも、遺産の分割の方法として、このような特定の遺産を特定の相続人に単独で相続により承継させることをも遺言で定めることを可能にするために外ならない。したがって、右の『相続させる』趣旨の遺言は、正に同条にいう遺産の分割の方法を定めた遺言であり、他の共同相続人も右の遺言に拘束され、これと異なる遺産分割の協議、さらには審判もなし得ないのであるから、このような遺言にあっては、遺言者の意思に合致するものとして、遺産の一部である当該遺産を当該相続人に帰属させる遺産の一部の分割がなされたのと同様の遺産の承継関係を生ぜしめるものであり、当該遺言において相続による承継を当該相続人の受諾の意思表示にかからせたなどの特段の事情のない限り、何らの行為を要せずして、被相続人の死亡の時（遺言の効力の生じた時）に直ちに当該遺産が当該相続人に相続により承継されるものと解すべきである。そしてその場合、遺産分割の協議又は審判においては、当該遺産の承継を参酌して残余の遺産の分割がされることはいうまでもないとしても、当該遺産については、右の協議又は審判を経る余地はないものというべきである。もっとも、そのような場合においても、当該特定の相続人はなお相続の放棄の自由を有するのであるから、その者が所定の相続の放棄をしたときは、さかのぼって当該遺産がその者に相続されなかったことになるのはもちろんであり、また、場合によっては、他の相続人の遺留分減殺請求権の行使を妨げるものではない。」

【2】　最判平成7年1月24日集民174号67頁・判時1523号81頁
　【平成7年判決】

【判示事項】

　特定の不動産を相続させる旨の遺言と遺言執行者の登記手続義務

【判決要旨】

　「特定の不動産を特定の相続人甲に相続させる旨の遺言により、甲が被相続人の死亡とともに相続により当該不動産の所有権を取得した場合には、甲が単独でその旨の所有権移転登記手続をすることができ、遺言執行者は、遺言の執行として右の登記手続をする義務を負うものではない。」

【3】　最判平成10年2月27日民集52巻1号299頁【平成10年判決】

【判示事項】

　遺言執行者がある場合における遺言によって特定の相続人に相続させるものとされた特定の不動産についての賃借権確認請求訴訟の被告適格

【判決要旨】

　「特定の不動産を特定の相続人に相続させる趣旨の遺言をした遺言者の意思は、右の相続人に相続開始と同時に遺産分割手続を経ることなく当該不動産の所有権を取得させることにあるから〔最判平成3年4月19日民集45巻4号477頁参照〕、その占有、管理についても、右の相続人が相続開始時から所有権に基づき自らこれを行うことを期待しているのが通常であると考えられ、右の趣旨の遺言がされた場合においては、遺言執行者があるときでも遺言書に当該不動産の管理及び相続人への引渡しを遺言執行者の職務とする旨の記載があるなどの特段の事情のない限り、遺言執行者は、当該不動産を管理する義務や、これを相続人に引き渡す義務を負わないと解される。そうすると、遺言執行者があるときであっても、遺言によって特定の相続人に相続させるものとされた特定の不動産についての賃借権確認請求訴訟の被告適格を有する者は、右特段の事情のない限り、遺言執行者ではなく、右の相続人であるというべきである。」

【4】 最判平成11年12月16日民集53巻9号1989頁【平成11年判決】

【判示事項】

特定の不動産を特定の相続人に相続させる趣旨の遺言がされた場合において他の相続人が相続開始後に当該不動産につき被相続人からの所有権移転登記を経由しているときの遺言執行者の職務権限

【判決要旨】

1 「特定の不動産を特定の相続人甲に相続させる趣旨の遺言（相続させる遺言）は、特段の事情がない限り、当該不動産を甲をして単独で相続させる遺産分割方法の指定の性質を有するものであり、これにより何らの行為を要することなく被相続人の死亡の時に直ちに当該不動産が甲に相続により承継されるものと解される〔最判平成3年4月19日民集45巻4号477頁参照〕……。しかしながら、相続させる遺言が右のような即時の権利移転の効力を有するからといって、当該遺言の内容を具体的に実現するための執行行為が当然に不要になるというものではない。」

2 「そして、不動産取引における登記の重要性にかんがみると、相続させる遺言による権利移転について対抗要件を必要とすると解すると否とを問わず、甲に当該不動産の所有権移転登記を取得させることは、民法1012条1項にいう『遺言の執行に必要な行為』に当たり、遺言執行者の職務権限に属するものと解するのが相当である。もっとも、登記実務上、相続させる遺言については不動産登記法27条により甲が単独で登記申請をすることができるとされているから、当該不動産が被相続人名義である限りは、遺言執行者の職務は顕在化せず、遺言執行者は登記手続をすべき権利も義務も有しない〔最判平成7年1月24日集民174号67頁参照〕。しかし、本件のように、甲への所有権移転登記がされる前に、他の相続人が当該不動産につき自己名義の所有権移転登記を経由したため、遺言の実現が妨害される状態が出現したような場合には、遺言執行者は、遺言執行の一環として、右の妨害を排除するため、右所有権移転登記の抹消登記手続を求めることができ、さらには、甲への真正な登記名義の回復を原因とする所有権移転登記手続を求めることもできると解するのが相当である。この場合には、甲において自ら当該不動産の所有権に基づき同様の登記手続請求をすることができるが、このことは遺言執行者の右職務権限に影響を及ぼすものではない。」

【5】 最判平成14年6月10日集民206号445頁・家月55巻1号77頁【平成14年判決】

【判示事項】

「相続させる」趣旨の遺言による不動産の取得と登記

【判決要旨】

「特定の遺産を特定の相続人に『相続させる』趣旨の遺言は、特段の事情のない限り、何らの行為を要せずに、被相続人の死亡の時に直ちに当該遺産が当該相続人に相続により承継される〔最判平成3年4月19日民集45巻4号477頁参照〕。このように、『相続させる』趣旨の遺言による権利の移転は、法定相続分又は指定相続分の相続の場合と本質において異なるところはない。そして、法定相続分又は指定相続分の相続による不動産の権利の取得については、登記なくしてその権利を第三者に対抗することができる〔最判昭和38年2月22日民集17巻1号235頁、最判平成5年7月19日集民169号243頁参照〕。」

【6】 最判平成21年3月24日民集63巻3号427頁【平成21年判決】

【判示事項】

相続人のうちの1人に対して財産全部を相続させる旨の遺言がされた場合において、遺留分の侵害額の算定に当たり、遺留分権利者の法定相続分に応じた相続債務の額を遺留分の額に加算することの可否

【判決要旨】

「相続人のうちの1人に対して財産全部を相続させる旨の遺言により相続分の全部が当該相続人に指定された場合、遺言の趣旨等から相

続債務については当該相続人にすべてを相続させる意思のないことが明らかであるなどの特段の事情のない限り、当該相続人に相続債務もすべて相続させる旨の意思が表示されたものと解すべきであり、これにより、相続人間においては、当該相続人が指定相続分の割合に応じて相続債務をすべて承継することになると解するのが相当である。もっとも、上記遺言による相続債務についての相続分の指定は、相続債務の債権者（以下「相続債権者」という。）の関与なくされたものであるから、相続債権者に対してはその効力が及ばないものと解するのが相当であり、各相続人は、相続債権者から法定相続分に従った相続債務の履行を求められたときには、これに応じなければならず、指定相続分に応じて相続債務を承継したことを主張することはできないが、相続債権者の方から相続債務についての相続分の指定の効力を承認し、各相続人に対し、指定相続分に応じた相続債務の履行を請求することは妨げられないというべきである。

そして、遺留分の侵害額は、確定された遺留分算定の基礎となる財産額に民法1028条所定の遺留分の割合を乗じるなどして算定された遺留分の額から、遺留分権利者が相続によって得た財産の額を控除し、同人が負担すべき相続債務の額を加算して算定すべきものであり〔最判平成8年11月26日民集50巻10号2747頁参照〕、その算定は、相続人間において、遺留分権利者の手元に最終的に取り戻すべき遺産の数額を算出するものというべきである。したがって、相続人のうちの1人に対して財産全部を相続させる旨の遺言がされ、当該相続人が相続債務もすべて承継したと解される場合、遺留分の侵害額の算定においては、遺留分権利者の法定相続分に応じた相続債務の額を遺留分の額に加算することは許されないものと解するのが相当である。遺留分権利者が相続債権者から相続債務について法定相続分に応じた履行を求められ、これに応じた場合も、履行した相続債務の額を遺留分の額に加算することはできず、相続債務をすべて承継した相続人に対して求償し得るにとどまるものというべきである。」

【７】 最判平成23年２月22日民集65巻２号699頁【平成23年判決】

【判示事項】

「相続させる」旨の遺言により遺産を相続させるものとされた推定相続人が遺言者の死亡以前に死亡した場合における当該遺言の効力

【判決要旨】

「被相続人の遺産の承継に関する遺言をする者は、一般に、各推定相続人との関係においては、その者と各推定相続人との身分関係及び生活関係、各推定相続人の現在及び将来の生活状況及び資産その他の経済力、特定の不動産その他の遺産についての特定の推定相続人の関わりあいの有無、程度等諸般の事情を考慮して遺言をするものである。このことは、遺産を特定の推定相続人に単独で相続させる旨の遺産分割の方法を指定し、当該遺産が遺言者の死亡の時に直ちに相続により当該推定相続人に承継される効力を有する『相続させる』旨の遺言がされる場合であっても異なるものではなく、このような『相続させる』旨の遺言をした遺言者は、通常、遺言時における特定の推定相続人に当該遺産を取得させる意思を有するにとどまるものと解される。

したがって、上記のような『相続させる』旨の遺言は、当該遺言により遺産を相続させるものとされた推定相続人が遺言者の死亡以前に死亡した場合には、当該『相続させる』旨の遺言に係る条項と遺言書の他の記載との関係、遺言書作成当時の事情及び遺言者の置かれていた状況などから、遺言者が、上記の場合には、当該推定相続人の代襲者その他の者に遺産を相続させる旨の意思を有していたとみるべき特段の事情のない限り、その効力を生ずることはないと解するのが相当である。」

【８】 東京地判平成24年１月25日判時2147号66頁

【判示事項】

相続させる遺言における遺言執行者の職務権限

【判決要旨】

「相続させる遺言において、遺言執行者が指定されている場合、その遺言執行者の職務権限が問題となるが、上記のとおり、相続させる遺言が受益相続人への即時の権利移転の効力を有するからといって、当該遺言の内容を具体的に実現するための執行行為が当然に不要となるものではないし、遺言者の意思を確実に実現し、遺産承継手続の円滑な処理を図るという遺言執行者制度の趣旨からしても、遺言執行者の関与を一律に否定するのは相当とはいえない。

そして、遺言執行者がある場合、相続人は相続財産の処分その他遺言の執行を妨げる行為をすることができず（民法1013条)、遺言執行者は、相続財産の管理その他遺言の執行に必要な一切の行為をする権利義務を有するから（同法1012条1項)、相続させる遺言においても、遺言の内容に応じて、『遺言の執行に必要な行為』であるか否かの観点から遺言執行者の職務権限について検討する必要がある。」

「この点に関し、まず、不動産について相続させる遺言がされた場合においては、特定の相続人に当該不動産の所有権移転登記を取得させることは不動産取引における登記の重要性にかんがみると、『遺言の執行に必要な行為』に当たり、遺言執行者の職務権限に属するものと解するのが相当である。もっとも、登記実務上、相続させる遺言については不動産登記法27条により受益相続人が単独で登記申請することができるとされているから、当該不動産が被相続人名義である限りは、遺言執行者の職務は顕在化せず、遺言執行者は登記手続をすべき権利も義務も有しない〔最判平成7年1月24日集民174号67頁、最判平成11年12月16日民集53巻9月1989頁参照〕。

他方、遺言執行者があるときでも、遺言書に当該不動産の管理及び相続人への引渡しを遺言執行者の職務とする旨の記載があるなどの特段の事情のない限り、遺言執行者は、当該不動産を管理する義務や、これを相続人に引き渡す義務を負わないと解されるから、遺言執行者があるときであっても、遺言によって特定の相続人に相続させるものとされた特定の不動産についての賃借権確認請求訴訟の被告適格を有する者は、上記特段の事情のない限り、遺言執行者ではなく上記相続人であるというべきである〔最判平成10年2月27日民集52巻1号

299頁参照。以下「平成10年判決」という〕。」

「次に、相続させる遺言の目的物が債権である場合について検討すると、被告は、この点について、前記……の平成10年判決を理由に、預貯金債権について相続させる遺言がされた場合も、預貯金を管理するのは相続人であって、遺言執行者ではないと主張する。

しかし、債権、ことに預貯金債権について相続させる遺言がされた場合の遺言執行者の職務権限について、平成10年判決と同様であると考えることは相当でない。

預貯金債権について相続させる遺言がされた場合、かかる遺言の実現のためには、最終的に当該預貯金について、受益相続人に名義を変更する、又は受益相続人に払戻金を取得させることが不可欠となるところ、確かに、平成3年判決〔最判平成3年4月19日民集45巻4号477頁〕によれば、かかる遺言の受益相続人は、直接、債務者たる金融機関に預貯金の名義書換請求や払戻請求をすることができる。しかし、金融機関においては、遺言書がある場合の受益相続人からの預貯金の払戻請求に対しては、相続人全員の承諾等を証する書面や印鑑証明書の提出を求める取扱いを原則としているところも少なくないことから（現に、被告においてもかかる取扱いをしていることは前記争いのない事実等……のとおりである。）相続人全員の協力が得られなければ円滑な遺言の実現が妨げられることになりかねない。とすれば、かかる遺言の場合の預貯金債権の払戻しも『遺言の執行に必要な行為』に当たり、遺言執行者の職務権限に属するものと解するのが相当である。そして、遺言執行者は、遺言事項によっては、相続人との利害対立や相続人間の意見不一致、一部の相続人の非協力などによって、公正な遺言の執行が期待できない場合があるため、適正迅速な執行の実現を期して指定されるものであって、かかる観点からも、遺言執行者に預貯金債権の払戻権限を認めることは、預貯金債権について相続させる遺言をした遺言者の意思に反するものではないと解される。」

「以上によれば、預貯金債権について相続させる遺言がされた場合において、遺言執行者は、その預貯金債権について払戻権限を有することとなり、預金払戻請求訴訟の原告適格を有することとなる。」

Ⅱ　遺言執行者の当事者適格に関する判例

【9】　最判昭和30年5月10日民集9巻6号657頁

【判示事項】

1　民法第895条と遺贈の目的物についての受遺者の仮処分申請の許否

2　民法第1012条と遺贈の目的物についての受遺者の仮処分申請の許否

【裁判要旨】

1　民法第895条の規定は、受遺者が、相続人廃除の手続進行中、相続人から遺贈の目的物を譲り受けた第三者に対し、右目的物につき仮処分を申請することを妨げるものではない。

2　民法第1012条の規定は、受遺者が自ら遺贈の目的物につき仮処分を申請することを妨げるものではない。

【判決要旨】

「遺言執行者の任務は、遺言者の真実の意思を実現するにあるから、民法1015条が、遺言執行者は相続人の代理人とみなす旨規定しているからといって、必ずしも相続人の利益のためにのみ行為すべき責務を負うものとは解されない。そして本件仮処分の相手方たる上告人は、相続人から本件建物を買い受けた第三者であって相続人その人ではないから、遺言執行者であるEが受遺者たる被上告人の代理人として上告人に対し、仮処分申請の手続をすることを許されないと解することはできない。」

【10】　最判昭和31年9月18日民集10巻9号1160頁

【判示事項】

遺言執行者に対する訴の適否

【裁判要旨】

相続人は、被相続人の遺言執行者を被告となし、遺言の無効を主張して、相続財産につき持分を有することの確認を求めることができる。

【判決要旨】

「遺言につき遺言執行者がある場合には、遺言に関係ある財産については相続人は処分の権能を失い（民法1013条）、独り遺言執行者のみが遺言に必要な一切の行為をする権利義務を有するのであって（同1012条）、遺言執行者はその資格において自己の名を以て他人のため訴訟の当事者となりうるものと云わなければならない。本件において、被上告人等は本件不動産は亡Dの所有であつたが、その死亡により共有持分権を有するに至つたと主張し、遺言執行者たる上告人にその確認を求めるものであるところ、上告人は右不動産は遺言によりすべて訴外Eの所有に帰したと主張して被上告人の権利を争うものである。従つて本件が被上告人の勝訴に確定すれば、所論の如く、遺言は執行すべき内容を有せず、遺言執行者はその要なきに帰するけれども、若し敗訴すれば、本件不動産はすべて遺言によりEに帰属したものとして執行せられることとなるのである。かかる場合においては、被上告人等は遺言執行者たる上告人に対し本件不動産について共有持分権の確認を求める利益があり、その効果はEに及ぶものといわなければならない。」

【11】　最判昭和43年5月31日民集22巻5号1137頁

【判示事項】

遺言執行者がある場合と遺贈義務の履行を求める訴の被告適格

【裁判要旨】

遺言執行者がある場合においては、特定不動産の受遺者から遺言の執行として目的不動産の所有権移転登記手続を求める訴の被告適格を有する者は、遺言執行者にかぎられ、相続人はその適格を有しない。

【判決要旨】

遺言の執行について遺言執行者が指定されまたは選任された場合に

おいては、遺言執行者が相続財産の、または遺言が特定財産に関するときはその特定財産の管理その他遺言の執行に必要な一切の行為をする権利義務を有し、相続人は相続財産ないし右特定財産の処分その他遺言の執行を妨げるべき行為をすることはできないこととなるのであるから（民法1012条ないし1014条）、本訴のように、特定不動産の遺贈を受けた者がその遺言の執行として目的不動産の所有権移転登記を求める訴において、被告としての適格を有する者は遺言執行者にかぎられるのであつて、相続人はその適格を有しないものと解するのが相当である〔大判昭和15年2月13日判決全集7輯16号4頁参照〕。」

【12】 最判昭和51年7月19日民集30巻7号706頁

【判示事項】

遺言執行者がある場合に相続人が遺贈による登記の抹消登記手続を求める訴と受遺者の被告適格

【判決要旨】

「遺言執行者は、遺言の執行に必要な一切の行為をする権利義務を有し（民法1012条）、遺贈の目的不動産につき相続人により相続登記が経由されている場合には、右相続人に対し右登記の抹消登記手続を求める訴を提起することができるのであり、また遺言執行者がある場合に、相続人は相続財産についての処分権を失い、右処分権は遺言執行者に帰属するので（民法1013条、1012条）、受遺者が遺贈義務の履行を求めて訴を提起するときは遺言執行者を相続人の訴訟担当者として被告とすべきである〔最判昭和43年5月31日民集22巻5号1137頁〕。更に、相続人は遺言執行者を被告として、遺言の無効を主張し、相続財産について自己が持分権を有することの確認を求める訴を提起することができるのである〔最判昭和31年9月18日民集10巻9号1160頁〕。右のように、遺言執行者は、遺言に関し、受遺者あるいは相続人のため、自己の名において、原告あるいは被告となるのであるが、以上の各場合と異なり、遺贈の目的不動産につき遺言の執行としてすでに受遺者宛に遺贈による所有権移転登記あるいは所有権移転仮登記がされているときに相続人が右登記の抹消登記手続を求める場合においては、相続人は、遺言執行者ではなく、受遺者を被告として訴を提起すべきであると解するのが相当である。けだし、かかる場合、遺言執行者において、受遺者のため相続人の抹消登記手続請求を争い、その登記の保持につとめることは、遺言の執行に関係ないことではないが、それ自体遺言の執行ではないし、一旦遺言の執行として受遺者宛に登記が経由された後は、右登記についての権利義務はひとり受遺者に帰属し、遺言執行者が右登記について権利義務を有すると解することはできないからである。」

【13】 最判昭和51年7月19日集民118号315頁

【判示事項】

遺言執行者がある場合に包括受遺者が遺贈義務の履行を求める訴の被告適格

【裁判要旨】

遺言執行者がある場合に、包括受遺者が遺言の執行として目的不動産の所有権移転登記手続を求める訴の被告としての適格を有する者は、遺言執行者に限られる。

【判決要旨】

「遺言の執行につき遺言執行者がある場合においては、特定不動産の遺贈を受けた者であると、包括受遺者であるとを問わず、受遺者がその遺言の執行として目的不動産の所有権移転登記手続を求める訴の被告としての適格を有する者は、遺言執行者に限られると解するのが相当である〔最判昭和43年5月31日民集22巻5号1137頁参照〕。」

【14】 最判昭和62年4月23日民集41巻3号474頁

【判示事項】

1 遺言執行者がある場合と遺贈の目的物についての受遺者の第三者に対する権利行使

2 民法1013条に違反してされた相続人の処分行為の効力

3　遺言執行者として指定された者が就職を承諾する前と民法 1013 条にいう「遺言執行者がある場合」

【裁判要旨】

1　遺言者の所有に属する特定の不動産の受遺者は、遺言執行者があるときでも、所有権に基づき、右不動産についてされた無効な抵当権に基づく担保権実行としての競売手続の排除を求めることができる。

2　遺言執行者がある場合には、相続人が遺贈の目的物についてした処分行為は無効である。

3　遺言執行者として指定された者が就職を承諾する前であつても、民法 1013 条にいう「遺言執行者がある場合」に当たる。

【判決要旨】

1「遺言者の所有に属する特定の不動産が遺贈された場合には、目的不動産の所有権は遺言者の死亡により遺言がその効力を生ずるのと同時に受遺者に移転するのであるから、受遺者は、遺言執行者がある場合でも、所有権に基づく妨害排除として、右不動産について相続人又は第三者のためにされた無効な登記の抹消登記手続を求めることができるものと解するのが相当である〔最判昭和 30 年 5 月 10 日民集 9 巻 6 号 657 頁参照〕。」

2「民法 1012 条 1 項が『遺言執行者は、相続財産の管理その他遺言の執行に必要な一切の行為をする権利義務を有する。』と規定し、また同法 1013 条が『遺言執行者がある場合には、相続人は、相続財産の処分その他遺言の執行を妨げるべき行為をすることができない。』と規定しているのは、遺言者の意思を尊重すべきものとし、遺言執行者をして遺言の公正な実現を図らせる目的に出たものであり、右のような法の趣旨からすると、相続人が、同法 1013 条の規定に違反して、遺贈の目的不動産を第三者に譲渡し又はこれに第三者のため抵当権を設定してその登記をしたとしても、相続人の右処分行為は無効であり、受遺者は、遺贈による目的不動産の所有権取得を登記なくして右処分行為の相手方たる第三者に対抗することができるものと解するのが相当である〔大判昭和5年6月16日民集9巻550頁参照〕。」

3 「そして、前示のような法の趣旨に照らすと、同条にいう『遺言執行者がある場合』とは、遺言執行者として指定された者が就職を承諾する前をも含むものと解するのが相当であるから、相続人による処分行為が遺言執行者として指定された者の就職の承諾前にされた場合であつても、右行為はその効力を生ずるに由ないものというべきである。」

Ⅲ 遺言の効力に関する判例

【15】 最判昭和31年10月4日民集10巻10号1229頁

【判示事項】

遺言者生前の遺言無効確認の訴の適否

【裁判要旨】

遺言者の生前の遺言無効確認の訴は不適法である。

【判決要旨】

「元来遺贈は死因行為であり遺言者の死亡によりはじめてその効果を発生するものであつて、その生前においては何等法律関係を発生せしめることはない。それは遺言が人の最終意思行為であることの本質にも相応するものであり、遺言者は何時にても既になした遺言を任意取消し得るのである。従つて一旦遺贈がなされたとしても、遺言者の生存中は受遺者においては何等の権利をも取得しない。すなわちこの場合受遺者は将来遺贈の目的物たる権利を取得することの期待権すら持つてはいないのである。それ故本件確認の訴は現在の法律関係の存否をその対象とするものではなく、将来被上告人が死亡した場合において発生するか否かが問題となり得る本件遺贈に基ずく法律関係の不存在の確定を求めるに帰着する。しかし現在においていまだ発生していない法律関係のある将来時における不成立ないし不存在の確認を求めるというような訴が、訴訟上許されないものであることは前説示のとおりであつて、本件確認の訴はその主張するところ自体において不適法として却下せざるを得ない。」

Ⅳ　遺言の方式に関する判例

【16】　最判昭和62年10月8日民集41巻7号1471頁

【判示事項】

運筆について他人の添え手による補助を受けてされた自筆証書遺言と民法968条1項にいう「自書」の要件

【裁判要旨】

運筆について他人の添え手による補助を受けてされた自筆証書遺言が民法968条1項にいう「自書」の要件を充たすためには、遺言者が証書作成時に自書能力を有し、かつ、右補助が遺言者の手を用紙の正しい位置に導くにとどまるか、遺言者の手の動きが遺言者の望みにまかされていて、単に筆記を容易にするための支えを借りたにとどまるなど添え手をした他人の意思が運筆に介入した形跡のないことが筆跡のうえで判定できることを要する。

【判決要旨】

1　「自筆証書遺言は遺言者が遺言書の全文、日附及び氏名を自書し、押印することによつてすることができるが（民法968条1項）、それが有効に成立するためには、遺言者が遺言当時自書能力を有していたことを要するものというべきである。そして、右にいう『自書』は遺言者が自筆で書くことを意味するから、遺言者が文字を知り、かつ、これを筆記する能力を有することを前提とするものであり、右にいう自書能力とはこの意味における能力をいうものと解するのが相当である。したがつて、全く目の見えない者であつても、文字を知り、かつ、自筆で書くことができる場合には、仮に筆記について他人の補助を要するときでも、自筆能力を有するというべきであり、逆に、目の見える者であつても、文字を知らない場合には、自書能力を有しないというべきである。そうとすれば、本来読み書きのできた者が、病気、事故その他の原因により視力を失い又は手が震えるなどのために、筆記について他人の補助を要することになつたとしても、特段の事情がない限り、右の意味における自書能力は失われないものと解するのが相当である。」

2 「自筆証書遺言の方式として、遺言者自身が遺言書の全文、日附及び氏名を自書することを要することは前示のとおりであるが、右の自書が要件とされるのは、筆跡によつて本人が書いたものであることを判定でき、それ自体で遺言が遺言者の真意に出たものであることを保障することができるからにほかならない。そして、自筆証書遺言は、他の方式の遺言と異なり証人や立会人の立会を要しないなど、最も簡易な方式の遺言であるが、それだけに偽造、変造の危険が最も大きく、遺言者の真意に出たものであるか否かをめぐつて紛争の生じやすい遺言方式であるといえるから、自筆証書遺言の本質的要件ともいうべき『自書』の要件については厳格な解釈を必要とするのである。『自書』を要件とする前記のような法の趣旨に照らすと、病気その他の理由により運筆について他人の添え手による補助を受けてされた自筆証書遺言は、(1) 遺言者が証書作成時に自書能力を有し、(2) 他人の添え手が、単に始筆若しくは改行にあたり若しくは字の間配りや行間を整えるため遺言者の手を用紙の正しい位置に導くにとどまるか、又は遺言者の手の動きが遺言者の望みにまかされており、遺言者は添え手をした他人から単に筆記を容易にするための支えを借りただけであり、かつ(3) 添え手が右のような態様のものにとどまること、すなわち添え手をした他人の意思が介入した形跡のないことが、筆跡のうえで判定できる場合には、『自書』の要件を充たすものとして、有効であると解するのが相当である。」

【17】 最判平成5年10月19日集民170号77頁・家月46巻4号27頁

【判示事項】

1 カーボン複写の方法によって記載された自筆の遺言と民法968条1項にいう「自書」の要件

2 2人の遺言が1通の証書につづり合わされている場合と民法975条

【判決要旨】

1 「本件遺言書は、Dが遺言の全文、日付及び氏名をカーボン紙を用いて複写の方法で記載したものであるというのであるが、カーボン紙を用いることも自書の方法として許されないものではないから、本件遺言書は、民法968条1項の自書の要件に欠けるところはない。」

2 「本件遺言書はB5判の罫紙4枚を合綴したもので、各葉ごとにDの印章による契印がされているが、その1枚目から3枚目までは、D名義の遺言書の形式のものであり、4枚目は被上告人B名義の遺言書の形式のものであって、両者は容易に切り離すことができる、というものである。右事実関係の下において、本件遺言は、民法975条によって禁止された共同遺言に当たらないとした原審の判断は、正当として是認することができる。」

【18】 最判昭和32年5月21日民集11巻5号732頁

【判示事項】

死因贈与の方式と遺贈に関する規定準用の有無

【裁判要旨】

死因贈与の方式については、遺贈に関する規定の準用はない。

【判決要旨】

「民法554条の規定は、贈与者の死亡によつて効力を生ずべき贈与契約（いわゆる死因贈与契約）の効力については遺贈（単独行為）に関する規定に従うべきことを規定しただけで、その契約の方式についても遺言の方式に関する規定に従うべきことを定めたものではないと解すべきである。〔同趣旨、大判大正15年12月9日民集5巻829頁〕」

【19】 最判昭和52年11月29日集民122号271頁・家月30巻4号100頁

【判示事項】

年月の記載はあるが日の記載のない自筆遺言証書の効力

【判決要旨】

「自筆遺言証書に年月の記載はあるが日の記載がないときは、右遺言書は民法968条1項にいう日付の記載を欠く無効のものと解するのが、相当である。」

【20】 最判昭和54年5月31日民集33巻4号445頁

【判示事項】

自筆遺言証書の日付として「昭和四拾壱年七月吉日」と記載された証書の効力

【判決要旨】

「自筆証書によつて遺言をするには、遺言者は、全文・日附・氏名を自書して押印しなければならないのであるが（民法968条1項）、右日附は、暦上の特定の日を表示するものといえるように記載されるべきものであるから、証書の日附として単に『昭和四拾壱年七月吉日』と記載されているにとどまる場合は、暦上の特定の日を表示するものとはいえず、そのような自筆証書遺言は、証書上日附の記載を欠くものとして無効であると解するのが相当である。」

【21】 最判昭和52年11月21日集民122号239頁・家月30巻4号91頁

【判示事項】

自筆証書遺言における日付の誤記と遺言の効力

【判決要旨】

「自筆遺言証書に記載された日付が真実の作成日付と相違しても、その誤記であること及び真実の作成の日が遺言証書の記載その他から容易に判明する場合には、右日付の誤りは遺言を無効ならしめるものではない。」

【22】 最判平成元年2月16日民集43巻2号45頁

【判示事項】

自筆遺言証書における押印と指印

【裁判要旨】

自筆遺言証書における押印は、指印もつて足りる。

【判決要旨】

「自筆証書によつて遺言をするには、遺言者が遺言の全文、日附及び氏名を自書した上、押印することを要するが（民法968条1項）、右にいう押印としては、遺言者が印章に代えて拇指その他の指頭に墨、朱肉等をつけて押捺すること（以下「指印」という。）をもつて足りるものと解するのが相当である。けだし、同条項が自筆証書遺言の方式として自書のほか押印を要するとした趣旨は、遺言の全文等の自書とあいまつて遺言者の同一性及び真意を確保するとともに、重要な文書については作成者が署名した上その名下に押印することによつて文書の作成を完結させるという我が国の慣行ないし法意識に照らして文書の完成を担保することにあると解されるところ、右押印について指印をもつて足りると解したとしても、遺言者が遺言の全文、日附、氏名を自書する自筆証書遺言において遺言者の真意の確保に欠けるとはいえないし、いわゆる実印による押印が要件とされていない文書については、通常、文書作成者の指印があれば印章による押印があるのと同等の意義を認めている我が国の慣行ないし法意識に照らすと、文書の完成を担保する機能においても欠けるところがないばかりでなく、必要以上に遺言の方式を厳格に解するときは、かえつて遺言者の真意の実現を阻害するおそれがあるものというべきだからである。もつとも、指印については、通常、押印者の死亡後は対照すべき印影がないために、遺言者本人の指印であるか否かが争われても、これを印影の対照によつて確認することはできないが、もともと自筆証書遺言に使用すべき印章には何らの制限もないのであるから、印章による押印であつても、印影の対照のみによつては遺言者本人の押印であることを確認しえない場合があるのであり、印影の対照以外の方法によつて本人の押印であることを立証しうる場合は少なくないと考えられるから、対照すべき印影のないことは前記解釈の妨げとなるものではない。」

【23】 最判昭和49年12月24日民集28巻10号2152頁

【判示事項】

遺言者の押印を欠く自筆遺言証書が有効とされた事例

【裁判要旨】

英文の自筆遺言証書に遺言者の署名が存するが押印を欠く場合において、同人が遺言書作成の約1年9か月前に日本に帰化した白系ロシア人であり、約40年間日本に居住していたが、主としてロシア語又は英語を使用し、日本語はかたことを話すにすぎず、交際相手は少数の日本人を除いてヨーロッパ人に限られ、日常の生活もまたヨーロッパの様式に従い、印章を使用するのは官庁に提出する書類等特に先方から押印を要求されるものに限られていた等原判示の事情（原判決理由参照）があるときは、右遺言書は有効と解すべきである。

【24】 最判平成6年6月24日集民172号733頁・家月47巻3号60頁

【判示事項】

（署名はあるが、押印がない遺言書の例）

封筒の封じ目にされた押印により自筆証書遺言の押印の要件に欠けるところはないとされた事例

【裁判要旨】

遺言者が、自筆証書遺言をするにつき書簡の形式を採つたため、遺言書本文の自署名下には押印をしなかったが、遺言書であることを意識して、これを入れた封筒の封じ目に押印したものであるなど原判示の事実関係の下においては、右押印により、自筆証書遺言の押印の要件に欠けるところはない。

【25】 東京高判平成18年10月25日判時1955号41頁

【判示事項】

遺言内容の記載された書面には遺言者の署名押印を欠き、検認時に既に開封されていた封筒には遺言者の署名押印がある場合の遺言が、自筆証書遺言として無効とされた事例

【判決要旨】

「本件文書には遺言者とされる亡太郎の署名及び押印がされておらず、本件文書自体をもって自筆証書遺言として有効なものと認めることはできない。」

「もっとも、前記前提事実のとおり、本件封筒には、表に「遺言書」と記載され、裏面に亡太郎の氏名が記載され、「甲野」名下の印影が顕出されており、亡太郎が本件封筒に署名して押印し、かつ、本件文書と本件封筒が一体のものとして作成されたと認めることができるのであれば、本件遺言は、亡太郎の自筆証書遺言として有効なものと認め得る余地がある。」

「検認の当時、本件封筒は既に開封されていたこと……をも考慮すると……本件文書と本件封筒が一体のものとして作成されたことを認めるに足りる証拠はない。」

「本件文書と本件封筒が一体のものとして作成されたと認めることができない以上、亡太郎が本件封筒の裏面に署名し、その意思に基づいて押印したかどうかを問うまでもなく、本件文書には亡太郎の署名及び押印のいずれをも欠いており、本件遺言は、民法968条1項所定の方式を欠くものとして、無効である。」

【26】 最判昭和36年6月22日民集15巻6号1622頁

【判示事項】

自筆遺言書の日附、署名、捺印の方式

【判決要旨】

「遺言書が数葉にわたるときであつても、その数葉が一通の遺言書として作成されたものであることが確認されれば、その一部に日附、署名、捺印が適法になされている限り、右遺言書を有効と認めて差支えないと解するを相当とする。」

【27】 最判昭和56年12月18日民集35巻9号1337頁

【判示事項】

自筆証書遺言における明らかな誤記の訂正について方式違背がある場合と遺言の効力

【判決要旨】

「自筆証書中の証書の記載自体からみて明らかな誤記の訂正については、たとえ同項〔民法968条2項〕所定の方式の違背があつても遺言者の意思を確認するについて支障がないものであるから、右の方式違背は、遺言の効力に影響を及ぼすものではないと解するのが相当である〔最判昭和47年3月17日民集26巻2号249頁参照〕。」

本件においては、遺言者が書損じた文字を抹消したうえ、これと同一又は同じ趣旨の文字を改めて記載したものであることが、証書の記載自体からみて明らかであるから、かかる明らかな誤記の訂正について民法968条2項所定の違背があるからといつて、本件自筆証書遺言が無効となるものではないといわなければならない。」

【28】 最判昭和37年5月29日集民60号941頁・家月14巻10号111頁

【判示事項】

自筆遺言証書は契印編綴を要するか

【裁判要旨】

自筆遺言書が2葉にわたり、その間に契印がなく、綴じ合わされていなくても、第2葉には第1葉において譲渡する旨示した物件が記載されていて、両者は紙質を同じくし、いずれも遺言書の押印と同一の印で封印されて遺言者の署名ある封筒に収められている場合には、1通の遺言書と明認できる。

【判決要旨】

「遺言書が数葉にわたる場合、その間に契印、編綴がなくても、それが1通の遺言書であることを確認できる限り、右遺言書による遺言は有効である、と解するを相当とする〔最判昭和36年6月22日民集15巻6号1622頁参照〕」。

「本件遺言書は2葉にわたり、その間に契印がなくまた綴じ合わされていないが、その第2葉は第1葉において譲渡するものとされた物件を記載され、右両者は紙質を同じくし、いずれも遺言書の押印と同一の印で封印されて遺言者の署名ある封筒に収められたものであつて、その内容、外形の両面からみて1通の遺言書であると明認できるから、右遺言は有効である」。

【29】 最判昭和52年4月19日集民120号531頁・家月29巻10号132頁

【判示事項】

数日にわたつて作成された自筆証書遺言が有効とされた事例

【判決要旨】

「民法968条によれば、自筆証書によつて遺言をするには、遺言者がその全文、日附及び氏名を自書し印をおさなければならず、右の日附の記載は遺言の成立の時期を明確にするために必要とされるのであるから、真実遺言が成立した日の日附を記載しなければならないことはいうまでもない。しかし、遺言者が遺言書のうち日附以外の部分を記載し署名して印をおし、その8日後に当日の日附を記載して遺言書を完成させることは、法の禁ずるところではなく、前記法条の立法趣旨に照らすと、右遺言書は、特段の事情のない限り、右日附が記載された日に成立した遺言として適式なものと解するのが、相当である。」

【30】 最判昭和56年9月11日民集35巻6号1013頁

【判示事項】

同一の証書に記載された2人の遺言の一方に方式違背がある場合と民法975条

【判決要旨】

「同一の証書に2人の遺言が記載されている場合は、そのうちの一方に氏名を自書しない方式の違背があるときでも、右遺言は、民法975条により禁止された共同遺言にあたるものと解するのが相当である。」

Ⅴ　遺言の解釈に関する判例

【31】　最判昭和58年3月18日集民138号277頁・家月36巻3号143頁

【判示事項】

遺言書中の特定の条項の解釈

【判決要旨】

「遺言の解釈にあたつては、遺言書の文言を形式的に判断するだけではなく、遺言者の真意を探究すべきものであり、遺言書が多数の条項からなる場合にそのうちの特定の条項を解釈するにあたつても、単に遺言書の中から当該条項のみを他から切り離して抽出しその文言を形式的に解釈するだけでは十分ではなく、遺言書の全記載との関連、遺言書作成当時の事情及び遺言者の置かれていた状況などを考慮して遺言者の真意を探究し当該条項の趣旨を確定すべきものであると解するのが相当である。」

【32】　最判平成13年3月13日集民201号345頁・家月53巻9号34頁

【判示事項】

遺言者の住所をもって表示された不動産の遺贈につき同所にある土地及び建物のうち建物のみを目的としたものと解することはできないとされた事例

【裁判要旨】

遺言書には、遺贈の目的として単に「不動産」と記載され、所在場所として遺言者の住所が記載されているが、遺言者はその住所地にある土地及び建物を所有していたなど判示の事実関係の下においては、所在場所の記載が住居表示であることなどをもって同遺言書の記載を建物のみを遺贈する旨の意思を表示したものと解することはできない。

【判決要旨】

「遺言の意思解釈に当たっては、遺言書の記載に照らし、遺言者の真意を合理的に探究すべきところ、本件遺言書には遺贈の目的について単に『不動産』と記載されているだけであって、本件土地を遺贈の目的から明示的に排除した記載とはなっていない。一方、本件遺言書に記載された『荒川区ab丁目c番d号』は、Dの住所であって、同人が永年居住していた自宅の所在場所を表示する住居表示である。そして、本件土地の登記簿上の所在は『荒川区ab丁目』、地番は『e番f』であり、本件建物の登記簿上の所在は『荒川区ab丁目e番地f』、家屋番号は『e番fのg』であって、いずれも本件遺言書の記載とは一致しない。」「そうすると、本件遺言書の記載は、Dの住所地にある本件土地及び本件建物を一体として、その各共有持分を上告人に遺贈する旨の意思を表示していたものと解するのが相当であり、これを本件建物の共有持分のみの遺贈と限定して解するのは当を得ない。」

【33】 最判平成17年7月22日集民217号581頁・家月58巻1号83頁

【判示事項】

遺言書の記載のみに依拠して遺言書の条項の文言を形式的に解釈した原審の判断に違法があるとされた事例

【裁判要旨】

丁の遺言書中の特定の遺産を一部の親族に遺贈等をする旨の条項に続く「遺言者は法的に定められたる相続人を以って相続を与へる。」との条項について、丁は、その妻戊との間に子がなかったため、丁の兄夫婦の子甲を実子として養育する意図で丁戊夫婦の嫡出子として出生の届出をしたこと、丁と甲とは、遺言書が作成されたころを含めて、丁が死亡するまで、実の親子と同様の生活をしていたとみられること、遺言書が作成された当時、甲は、戸籍上、丁の唯一の相続人であったことなど判示の事情を考慮することなく、遺言書の記載のみに依拠して、上記の遺贈等の対象とされた特定の遺産を除く丁の遺産を甲に対して遺贈する趣旨ではなく、これを単に法定相続人に相続させる趣旨であるとした原審の判断には、違法がある。

【判決要旨】

「『法的に定められたる相續人』は上告人を指し、『相續を与へる』

は客観的には遺贈の趣旨と解する余地が十分にあるというべきである。原審としては、本件遺言書の記載だけでなく、上記の点等をも考慮して、同項の趣旨を明らかにすべきであったといわなければならない。ところが、原審は、上記の点等についての審理を尽くすことなく、同項の文言を形式的に解釈したものであって、原審の判断には、審理不尽の結果、判決に影響を及ぼすことが明らかな法令の違反があるというべきである。」

【34】 最判昭和30年5月10日民集9巻6号657頁

【判示事項】

遺言の解釈

【判決要旨】

「意思表示の内容は当事者の真意を合理的に探究し、できるかぎり適法有効なものとして解釈すべきを本旨とし、遺言についてもこれと異なる解釈をとるべき理由は認められない。この趣旨にかんがみるときは、原審が本件遺言書中の『後相続はＢにさせるつもりなり』『一切の財産はＢにゆずる』の文言をＢに対する遺贈の趣旨と解し、養女Ｄに『後を継す事は出来ないから離縁をしたい』の文言を相続人廃除の趣旨と解したのは相当であつて、誤りがあるとは認められず、また遺言の真意が不明確であるともいえない」。

【35】 最判昭和31年9月18日民集10巻9号1160頁

【判示事項】

家督相続人指定の遺言を包括遺贈と見ることができるか

【判決要旨】

「新法施行後に遺言者が死亡した場合には、家督相続人指定の遺言は原則として無効となるが、これを包括的遺贈に転換して有効と認めることができるかどうかを次に考察しなければならない。思うに、家督相続人指定の遺言と包括遺贈とは全く別個の観念であり、前者に後者の意思表示が包含せられているとは云えないのであるから、前者を後者として有効とするがためには、遺言書の解釈により、遺言に表示せられたところを通じて後者の意思表示が看取される場合でなければならない。本件において、原審の確定したところを、原判文に徴すれば、亡Dは、昭和15年7月26日公正証書による遺言をなしたが、右遺言書には、訴外Eを家督相続人に指定する旨及び被上告人等その他に対し財産の一部を遺贈する旨の記載があるけれども、他にDに包括遺贈の意思があつたことを看取するに足る表示行為と目すべき事実上の記載がないというのであるから、原審が包括遺贈の表示があつたとは認められないと判断したことは正当である。なお、原審は、亡Dは昭和16年10月28日右遺言事項中被上告人その他に対する遺贈に関する部分を取り消す旨の遺言をなした事実を確定したが、この事実と前示遺言書の記載とによれば、DがEに財産を遺贈する意思があつたことを窺いうるようであるが、このことから要式行為である遺言の効力を判定することはできない。又本件遺言につき、家庭裁判所によつて遺言執行者が選任せられたことから、直ちに、右遺言には、財産を承継せしめる意思表示が包含せられていると言いえないことは当然である。原判決の説くところは、上記の趣旨と異るものがあるが、本件遺言書には、Eをして財産を承継せしめる意思が表示せられていないとする結論においては、正当なるに帰する」。

Ⅵ　遺言執行費用に関する判例

【36】　東京地判昭和59年9月7日判時1149号124頁

【判示事項】

遺言執行者が立替えて支払った遺言の執行に関する費用につき相続人に対して償還請求した場合の相続人の負担限度

【判決要旨】

「民法1021条によれば、『遺言の執行に関する費用は、相続財産の負担とする。』と規定されているが、右規定の趣旨は、遺言執行者は遺言執行に関する費用を相続財産の中からこれを支弁することができるとともに、相続財産の額を超える費用を相続人に請求することはできないことを定めたものと解するのが相当である。

そして、遺言執行者が、その執行につき必要な費用を立て替えて支払ったときには、民法1012条による同法650条1項の準用により、相続人に対して右費用の償還を請求することができるが、その場合各相続人に対して請求し得る額は、右費用を、全相続財産のうち当該相続人が取得する相続財産の割合に比例按分した額であり、かつ、当該相続人が取得した相続財産の額を超えない部分に限ると解するのが公平の観念にも合致し、かつ、同法1021条の趣旨にも合致するものというべきである。

以上を前提に被告が原告に対して請求し得る額を検討するに、土地はその位置、形状、地目及び使用状態等によってその交換価値を異にするものではあるが、各土地の間に著しい価値の相異がうかがわれない本件においては、その取得した土地の面積によって各相続人が取得した相続財産の全体相続財産に対する割合を決めることも不合理とはいえない。」

Ⅶ　その他の判例

【37】　東京地判平成19年12月3日判タ1261号249頁

【判示事項】

包括遺贈の遺言執行者等が法定相続人に対して相続財産目録を交付せず、事前に通知をしないまま遺産の不動産を処分したことなどが違法であるとして、法定相続人から遺言執行者等に対する損害賠償請求が認容された事例

【判決要旨】

「現行民法によれば、遺言執行者は、遺言者の相続人の代理人とされており（民法1015条）、遅滞なく相続財産の目録を作成して相続人に交付しなければならないとされている（民法1011条1項）ほか、善管注意義務に基づき遺言執行の状況及び結果について報告しなければならないとされている（民法1012条2項、同法645条）のであって、このことは、相続人が遺留分を有するか否かによって特に区別が

設けられているわけではないから、遺言執行者の相続人に対するこれらの義務は、相続人が遺留分を有する者であるか否か、遺贈が個別の財産を贈与するものであるか、全財産を包括的に遺贈するものであるか否かにかかわらず、等しく適用されるものと解するのが相当である。」

「しかも、相続財産全部の包括遺贈が真実であれば、遺留分が認められていない法定相続人は相続に関するすべての権利を喪失するのであるから、そのような包括遺贈の成否等について直接確認する法的利益があるというべきである。」

「したがって、遺言執行者は、遺留分が認められていない相続人に対しても、遅滞なく被相続人に関する相続財産の目録を作成してこれを交付するとともに、遺言執行者としての善管注意義務に基づき、遺言執行の状況について適宜説明や報告をすべき義務を負うというべきである。」

「もっとも、遺言執行者から、遺贈をした遺言者の遺志が適正に行われることにつき重大な関心を有する相続人に対して、遺言執行に関する情報が適切に開示されることは、遺言執行者の恣意的判断を排除して遺言執行の適正を確保する上で有益なものということができる反面、遺留分を有しない相続人による遺言執行行為への過度の介入を招き、かえって適正な遺言の執行を妨げる結果になることも懸念されるところであるから、個々の遺言執行行為に先立って常に相続人に対して説明しなければならないとすることは相当ではない。」

「遺言執行者から相続人に対してなされるべき説明や報告の内容や時期は、適正かつ迅速な遺言執行を実現するために必要であるか否か、その遺言執行行為によって相続人に何らかの不利益が生じる可能性があるか否かなど諸般の事情を総合的に勘案して、個別具体的に判断されるべきものである。」

「相続財産目録を交付したのは、同目録を作成してから約１年半以上経ってからということになるが、これでは、遅滞なく交付したことにはならないというべきである。」

「次に、遺言執行者は就任後遅滞なく法定相続人（相続人）に対してその旨を通知したり、遺言執行者が相続財産に属する財産を処分する際には、相続人に対して事前にその旨を通知しなければならないのか、という点である。」

「確かに、現行法では、遺言執行者が就任後遅滞なく相続人に対してその旨を通知しなければならないとする規定は存在しないし、また、遺言執行者が相続財産に属する財産を処分する際、必ず事前に相続人に対してその旨通知しなければならないとする規定も存在しない。」

「したがって、一般的にいえば、遺言執行者は、相続人に対して、当然にこれらの通知をしなければならないものではない。」

「ただ、いかなる場合にも遺言執行者が相続人に対してこれらの通知をしなくてよいかどうかは検討を要するところである。」

「なぜならば、相続人である以上、そのような遺贈（ここでは包括遺贈を含む。）がなされていることを知らなければ、相続人として相続財産を相続しているものと考えてその財産を第三者に対して処分することも十分に考えられるところであるが、遺贈がなされている場合、遺言執行者は、相続財産の管理その他遺言の執行に必要な一切の行為をする権利義務を有するものとされており（民法 1012 条 1 項）、相続人は相続財産の処分その他遺言の執行を妨げるべき行為をすることができないとされているので（民法 1013 条）、相続人が遺贈等の事実を知らずに相続財産を処分した場合には、その取引の法的効果を否定されることとなり、相手方である第三者の利益が害されることはもとより、相続人自身も、予測していない不利益を被るおそれがあるからである。」

「しかも、相続人にとって予測不能の何らかの不利益が生じるおそれは、相続人自身が相続財産に含まれる不動産を処分しようとする場合に限らない。例えば、相続財産に不動産が含まれていて、遺言執行者がこれを換価する場合、登記手続としては遺言執行者の単独申請によって被相続人名義から相続人名義への相続による所有権移転登記手続が可能であり、相続人がこれに直接関与する必要はないのであるが、相続人が登記名義人となることは事実であるから、本件のように、相続人の知らないうちに、形式的に相続人に対して譲渡所得税や不動産取得税や固定資産税等が賦課される可能性があり、最終的には是正されるとはいえ、相続人を驚かせ、混乱させ、自己の印鑑が盗用されたのではないかなどと不安に陥れる可能性があることは明らかである。」

「そうである以上、遺言執行者は、相続人が何らかの事情によって被相続人が遺贈をしていることを知っていることを把握している場合や、相続財産が動産や現金等だけで不動産を含まず、即時取得（民法192条）の規定などによって第三者も保護されるような場合でない限り、相続人が不測の損害や不利益を被ることがないよう、前述の遺言執行者としての善管注意義務（民法1012条2項、同法645条）の一内容として、相続人に対し、遅滞なく遺言執行者に就任したことを通知するか、又は、相続財産に属する不動産の換価処分に先立って当該不動産を遺言により換価処分する旨を通知しなければならないというべきである。

そして、前記認定の事実が認められる本件においては、被告らは、本件相続財産に不動産が含まれていて、遺言執行者としてその不動産を換価をしなければならない立場にあり、しかも、故Aの法定相続人として原告らが存在していることを知っていた……のであるから、本件土地の売却などによって原告らに不測の不利益が及ぶことがないよう、遺言執行者としての善管注意義務（民法1012条2項、同法645条）の一内容として、相続人に対し、遅滞なく遺言執行者に就任したことを通知するか、又は、相続財産に属する不動産の換価処分に先立って当該不動産を遺言により換価処分する旨を通知するべきであったといわなければならない。」

「民法1012条2項は受任者の善管注意義務を定めている民法645条を準用しているのであるが、善管注意義務の履行としての報告は、遺言執行が適正に実施されたことを確認できる程度のものでよく、必ず関係書面の写しを交付してしなければならないものではない。」

【38】 さいたま地熊谷支判平成13年6月20日判時1761号87頁

【判示事項】

銀行が公正証書遺言により選任された遺言執行者よりの預金債権の払戻し請求を拒絶したことが違法であるとして遺言執行者の求めた損害賠償請求が認容された事例

【事案の概要】

1 遺贈の公正証書遺言で、遺言執行者が、銀行に対し相続財産である預金全額の払戻請求をしたところ、銀行は相続人全員の承諾を求めるなどをして、その支払を拒否したので、遺言執行者は、弁護士に依頼して、預金払戻請求の訴を提起し、その全部を認容する判決が確定したので、銀行は払戻請求金全額の支払をした。遺言執行者は依頼した弁護士に着手金、報酬を支払った。

2 その後、遺言執行者が原告、銀行を被告として、不法行為に基づく損害賠償として、上記1の弁護士費用並びに原告が払戻請求をした日の翌日から払戻を受けた日までの間の払戻請求額に対する年5分の遅延損害金及び慰藉料を請求した。

【判決要旨】

「公正証書は、法律に定められた方法によって公務員たる公証人が作成する公文書であり、それ自体で債務名義にもなりうるというものであって、制度的に信用性が担保され、私文書とは異なった種々の法的効力が認められているものである。

被告は、本件公正証書の信憑性に疑問が投げかけられていた旨主張するが、私企業である銀行が調査を尽くしたとしても、銀行が公正証書の成立の真正を判断し、公文書たる公正証書の真否を結論づけることはできないものというほかはない。そうすると、結局、銀行においては公正証書の真否の判断ができない以上、訴訟によって効力を争うことでもしない限り、その真否を確認するための調査は意味のあるものとは思えない（意味があるとすれば、真否を確認するための調査ではなく、後の責任追及回避のための条件作りとしての調査又は供託要件確認のための調査であろうが、被告において供託を検討した形跡はない。）のであって、もし被告のような対応を適法であるとすると、およそ疑義を投げかける者が存在する限り、払戻を拒むことが正当化されることになりうる。しかしながら、公正証書より信用性の高い遺言は制度として存在しないし、そもそも相続開始後の紛争発生が心配されるような場合に、これを防ぐために公正証書遺言が作成される例が少なくないのであり、これに不満を持つ相続人がいることは不自然なことではない。にもかかわらず、疑義を投げかける者がいるたびに遺産である預金の払戻が拒否されたのでは、遺言執行者は、遺言が有効であることの確認を求める訴えや預金払戻を求める訴えを提起するほかないことになりかねない。

確かに被告が主張するように、公正証書の真否が争われ、これを無効とした裁判例が存在することは確かであるが、裁判上の和解調書、調停調書でさえも判決により無効とされる例もあるのであって、無効とされる例があるからといって、制度上権利義務に関わる内容を公証するものとして存在する公正証書の信用性を私文書のそれと同一に解することはできない。」

「以上によれば、本件においては、被告が本件預金の払戻を拒否することがやむを得ないものということができる事情は存在しないといわざるを得ないから、被告の行為は違法であり、原告がこれによって被った損害を賠償すべき責任がある」として、弁護士費用及び原告が払戻請求をした日の翌日から払戻を受けた期間の払戻額に対する年5分の遅延損害金を認めた（慰藉料は認められないとした）。

【39】 東京地判平成24年1月25日判時2147号66頁（【8】と同一事件）

【判示事項】

銀行の預金等を相続させる旨の遺言によって指定された遺言執行者が銀行に普通預金の払戻しを求めたのに対し、銀行がこれを拒否したことは、債務不履行に当たるが、不法行為には当たらないとされた事

例

【事案の概要】

自筆証書による銀行預金を相続させる遺言で、遺言執行者が預金の払戻しを求めたのに対し、銀行がこれを拒否したので、遺言執行者を原告、銀行を被告として、第１次請求として、不法行為に基づき、預金残高相当額及び弁護士費用並びにこれに対する年５分の割合による金員の支払を、第２次請求として、債務不履行として、預金残高及びこれに対する年６分の割合による金員の支払を求めた。

【判決要旨】

「そもそも債務者が債権者からの支払請求に任意に応じるか否かは、債務の存否及びその確実性のほか、任意の履行に応じた場合の事実上の不利益等の諸事情を考慮して判断するものであり、その不履行によって債権者に発生した損害については、法は、原則として、債務者に債務不履行責任を負わせることにより債権者を救済することを予定していると解される。特に、民法419条によれば、金銭を目的とする債務の履行遅滞による損害賠償の額は、法律に別段の定めがある場合を除き、約定又は法定の利率により、債務者はその損害の証明をする必要がないとされているが、その反面として、たとえそれ以上の損害が生じたことを立証しても、その賠償を請求することはできず、したがって、債権者は、金銭債務の不履行による損害賠償として、債務者に対し弁護士費用その他の取立費用を請求することはできないと解するのが相当である〔最判昭和48年10月11日集民110号231頁参照〕ことからすれば、金銭債務の債務者の履行拒絶が不法行為に該当するといえるためには、履行拒絶行為自体が公序良俗に違反するとみるべき事情が存するなど高度の違法性が認められる例外的な場合に限られるものと解するのが相当である。

そして、債権についての相続させる遺言がされた場合の遺言執行者の権限・任務については、判例上何ら明らかにされておらず、下級審の裁判例の見解も分かれている状況であり、金融機関においてこの点について確たる判断をすることが困難であるとみられること、法律上かかる遺言における遺言執行者に預金払戻権限が存在するとの見解に立っても、金融機関においては、遺言の有効性、他の遺言の存否等を客観的に知り得る手段はないことから、相続人間にそれらをめぐる争いがあるにもかかわらず、遺言執行者からの払戻請求に安易に応ずると、債権の準占有者に対する弁済等が認められないことで、二重払いを強いられる危険があること、また、結果的に二重払いの負担を免れたとしても、相続人間の紛争に巻き込まれ、応訴を強いられるなどの危険も生じ得ること、反対に、法律上かかる遺言における遺言執行者に預金払戻権限がないとの立場に立っても、受益相続人から遺言執行者に払戻しの個別の委任があれば払戻請求に応じるべきところ、金融機関においてかかる委任の有無を確認する必要があることからすれば、金融機関において遺言執行者からの払戻請求に慎重な態度で臨み、事案に応じて、相続人の全部又は一部の意思確認を求めることにも当該金融機関の立場からは一定の合理性を見出すことができる。

とすると、預金債権についての相続させる遺言に係る遺言執行者から預金払戻請求を受けた場合に、相続届に相続人の全部又は一部の署名捺印がされなければそれに応じないとの金融機関の対応が、債務不履行と評価されることがあり得るとしても、それに留まらず、直ちに不法行為としての違法性を有するものと認めることはできない。」として、第1次請求（不法行為）は認めず、第2次請求（債務不履行）を認めた。

【40】　最決平成28年12月19日民集70巻8号2121頁

【裁判要旨】

共同相続された普通預金債権、通常貯金債権及び定期貯金債権は、いずれも、相続開始と同時に当然に相続分に応じて分割されることはなく、遺産分割の対象となる。

資料2　書式例

【1】 遺言執行者就任受諾の通知書例

__年__月__日

(相続人) 甲野太郎　様
(相続人) 乙山花子　様
(甲野次郎代襲相続人) 甲野八郎　様
(受遺者) 丙川一郎　様　1)

住所 ________________

甲野A男遺言執行者

弁護士 ____________ 印

TEL__________FAX__________

通　知　書

本　籍 ________________

最後の住所 ________________

遺言者　甲野A男

×年×月×日死亡

私は、上記遺言者の○年○月○日付公正証書遺言（又は自筆証書遺言）により、遺言執行者に指定されたので、上記遺言者の遺言執行者の就任 2) を受諾しましたことを、ご通知申し上げます。

尚、遺言者の前記遺言書の写しを同封致します。

<添付書類>

○年○月○日付公正証書遺言（又は自筆証書遺言）（写）　1通

1) この通知書を関係者全員に同一の文書で送付したことを明らかにするために、又、通知先の欠落を防ぐため関係者全員の名をあげる例とした。
尚、カッコ書きの部分は、入れなくてもよいが、入れるのも1つの方法である。

2) 民法1007条では遺言執行者の「就職」の用語が使われているが、「就任」の方が一般の人にはわかりやすいので、書式例としては「就任」の語を使用した。

【2】 遺言執行者の就任辞退の通知書例

＿年＿月＿日

（相続人）甲野太郎　様
（相続人）乙山花子　様
（甲野次郎代襲相続人）甲野八郎　様
（受遺者）丙川一郎　様　[1)]

住所 ＿＿＿＿＿＿＿＿＿＿＿＿＿

弁護士 ＿＿＿＿＿＿＿＿＿＿ 印

TEL＿＿＿＿＿＿FAX＿＿＿＿＿＿

通　知　書

本　　籍 ＿＿＿＿＿＿＿＿＿＿＿＿＿

最後の住所 ＿＿＿＿＿＿＿＿＿＿＿＿＿

遺　言　者　　甲　野　A　男

×年×月×日死亡

私は、上記遺言者の○年○月○日付公正証書遺言（又は自筆証書遺言）により、遺言執行者に指定されておりますが、上記遺言者の遺言執行者に就任[2)]することを辞退致しますことを、ご通知致します。

1) この通知書を関係者全員に同一の文書で送付したことを明らかにするために、又、通知先の欠落を防ぐため関係者全員の名をあげる例とした。
　尚、カッコ書きの部分は、入れなくてもよいが、入れるのも1つの方法である。

2) 民法1007条では遺言執行者の「就職」の用語が使われているが、「就任」の方が一般の人にはわかりやすいので、書式例としては「就任」の語を使用した。

【3】 遺言執行者の就任諾否の催告書例

__年__月__日

________________ 殿[1)]

住所 ____________________

相続人（又は受遺者）

____________________ 印

催　　告　　書

本　　　籍 ____________________

最後の住所 ____________________

遺　言　者　　甲　野　A　男

×年×月×日死亡

私は上記遺言者の相続人（又は受遺者）です。

上記遺言者は、〇年〇月〇日付公正証書遺言（又は自筆証書遺言）により、貴殿を遺言執行者に指定しておりますが、貴殿は遺言執行者の就任[2)]を承諾するか否か、いまだ不明であります。

つきましては、本書到達後10日[3)]以内に、遺言執行者の就任を承諾するか否か、ご確答されたく催告致します。

尚、上記期限までにご確答なき場合は、民法1008条により就任を承諾したものとみなされますことを念のため申し添えます。

1)　遺言書に遺言執行者と指定されている者の氏名を書く。

2)　民法1008条では遺言執行者の「就職」の用語が使われているが、「就任」の方が一般の人にはわかりやすいので、書式例としては「就任」の語を使用した。

3)　民法1008条では「相当の期間を定めて」催告する旨規定されているので、この例では10日にした。

【4】 遺言執行者の就任諾否の催告書に対する回答書例

<table>
<tr><td>

__年__月__日

相続人（又は受遺者）＿＿＿＿＿＿＿＿＿ 殿[1]

住所 ＿＿＿＿＿＿＿＿＿＿＿＿

氏名 ＿＿＿＿＿＿＿＿＿＿＿＿ 印[2]

回　答　書

貴殿から__年__月__日付で、遺言者甲野Ａ男氏の遺言執行者就任について、諾否の確答を求める催告書をいただきました。

私は上記遺言者の遺言執行者に就任することを承諾（又は辞退）致します。

</td></tr>
</table>

1） 催告を求めてきた者（催告書に記載されている者）の氏名である。
2） 遺言書に遺言執行者と指定されている者の氏名である。

【5】 遺言執行者選任審判申立書例

家 事 審 判 申 立 書
(遺言執行者選任審判申立書)

__年__月__日

△△家庭裁判所 御中[1]

申立人 ______________________ 印[2]

当事者の表示

本　　籍 ________________

住　　所 ________________

申 立 人 丙 川 一 郎

__年__月__日生

職業__________TEL__________

申立資格（相続人）[2]

本　　籍 ________________

最後の住所 ________________

遺 言 者 甲 野 A 男

×年×月×日死亡

申立の趣旨

遺言者の遺言につき、遺言執行者の選任を求める。

申立の実情

1 遺言者は申立人に遺言者所有の預貯金のうち、5000万円を相続させる旨の公正証書遺言をした。[3]

2 遺言者は遺言執行者の指定の遺言も指定委託の遺言もしなかった。

3 遺言者は×年×月×日死亡し、遺言の効力が生じた。

4 よって、この申立をするものである。

5　尚、遺言執行者の候補者は次の通り。

本籍 ＿＿＿＿＿＿＿＿＿＿＿＿＿＿

住所 ＿＿＿＿＿＿＿＿＿＿＿＿＿＿

氏名 ＿＿＿＿＿＿＿＿＿＿＿＿＿＿

遺言者との関係 ＿＿＿＿＿＿＿＿＿＿＿＿＿＿

＜添付書類＞

1　申立人の戸籍全部事項証明書（戸籍謄本）

2　遺言者の除籍又は戸籍謄本・原戸籍

3　遺言者の除票

4　遺言書（写）

5　遺言執行者候補者の住民票（又は戸籍の附票）

1）　管轄は相続開始地の家庭裁判所である（家事手続§209 I）。

2）　申立権者は、相続人、受遺者など利害関係人である（民§1010）。

この文例は「相続させる遺言」を例としたので、申立人は「相続人」となる（遺贈の場合は受遺者と記載する）。

3）　自筆証書遺言の場合は、＿年＿月＿日家庭裁判所の検認手続を受けた旨記載し、その検認調書謄本の写しを添付する。

【6】 家庭裁判所から遺言執行者に選任された時の関係者への通知書例

__年__月__日

(相続人) 甲野太郎　様
(相続人) 乙山花子　様
(甲野次郎代襲相続人) 甲野八郎　様
(受遺者) 丙川一郎　様
[1)]

住所 ____________________

甲野A男遺言執行者

弁護士 ________________ 印

TEL__________FAX__________

通　知　書

本　　籍 ____________________

最後の住所 ____________________

遺　言　者　　甲　野　A　男

×年×月×日死亡

当職は、__年__月__日、△△家庭裁判所から上記遺言者の○年○月○日付公正証書遺言(又は自筆証書遺言)の遺言執行者に選任されたことをご通知申し上げます。

その選任審判書の写しを同封致します。

尚、遺言者の上記遺言書の写しを同封致します。

＜添付書類＞

1　家庭裁判所の遺言執行者選任の審判書(写)　1通

2　○年○月○日付公正証書遺言(又は自筆証書遺言)(写)　1通

1)　この通知書を関係者全員に同一の文書で送付したことを明らかにするために、又、通知先の欠落を防ぐため関係者全員の名をあげる例とした。尚、カッコ書きの部分は、入れなくてもよいが、入れるのも1つの方法である。

【7】 財産目録送付書及び財産目録例（包括的相続させる遺言の場合、包括遺贈の場合）

__年__月__日

（相続人）甲野太郎　様
（相続人）乙山花子　様
（甲野次郎代襲相続人）甲野八郎　様
（受遺者）丙川一郎　様 [1)]

住所 ＿＿＿＿＿＿＿＿＿＿＿＿＿＿
甲野Ａ男遺言執行者
弁護士 ＿＿＿＿＿＿＿＿＿＿＿ 印
TEL＿＿＿＿＿＿FAX＿＿＿＿＿＿

財産目録送付書

当職は、遺言者の財産の状況を調査し、添付の財産目録を作成したのでお届け致します。

＜添付書類＞
相続財産目録　　１通

1）　この財産目録を関係者全員に同一の文書で送付したことを明らかにするために、又、通知先の欠落を防ぐため関係者全員の名をあげる例とした。尚、カッコ書きの部分は、入れなくてもよいが、入れるのも１つの方法である。

（包括的相続させる遺言の場合、包括遺贈の場合）例

相　続　財　産　目　録

＿年＿月＿日作成

住所　＿＿＿＿＿＿＿＿＿＿＿＿＿＿

作成者　遺言執行者

＿＿＿＿＿＿＿＿＿＿＿＿＿＿　印

亡甲野Ａ男氏の相続開始（×年×月×日）現在の積極財産及び消極財産は次の通りである。

第１　積極財産の部

1　不動産

(1)　所　　在　　○○市○○△丁目
　　地　　番　　100番1
　　地　　目　　宅地
　　地　　積　　800平方メートル

(2)　所　　在　　○○市○○△丁目100番地1
　　家屋番号　　100番1
　　種　　類　　居宅
　　構　　造　　木造瓦葺2階建
　　床 面 積　　1階　150平方メートル
　　　　　　　　2階　120平方メートル

上記(1)(2)の物件に下記の抵当権設定登記あり
　抵当権者　　Ｘ銀行
　債 権 額　　1000万円
　債 務 者　　甲野Ａ男

2　預貯金

(1)　銀行定期預金

Y銀行　○○支店

定期預金口座番号　○○○○

口座名義人　甲野A男

預金残高　1500万円

(2)　銀行普通預金

Y銀行　○○支店

普通預金口座番号　△△△△

口座名義人　甲野A男

普通預金残高　800万円

(3)　郵便貯金　ゆうちょ銀行

通常郵便貯金　記号　××　番号　××××

口座名義人　甲野A男

貯金残高　600万円

3　動産

普通自動車　車名　型式　登録番号　※保管場所　自宅

4　有価証券

(1)　株式

△△株式会社　株式　500株

(2)　投資信託

△×信託銀行扱い　銘柄名

第2　消極財産の部[1)]

1　X銀行からの借入債務　1000万円

2　住民税　20万円

1)　包括的相続させる遺言、包括遺贈の財産目録には、消極財産（債務）についても記載を要する。

【8】 財産目録送付書及び財産目録例（特定財産の相続させる遺言の場合、特定遺贈の場合）

＿年＿月＿日

（相続人）甲野太郎　様
（相続人）乙山花子　様
（甲野次郎代襲相続人）甲野八郎　様
（受遺者）丙川一郎　様　1)

住所 ＿＿＿＿＿＿＿＿＿＿＿＿
甲野A男遺言執行者
弁護士 ＿＿＿＿＿＿＿＿＿＿ 印
TEL＿＿＿＿＿＿FAX＿＿＿＿＿＿

財産目録送付書

当職は、遺言者甲野A男氏の相続人乙山花子氏に対する特定財産の相続させる遺言 2) の財産目録を作成したのでお届け致します。

＜添付書類＞
相続財産目録　　1通

1)　この通知書を関係者全員に同一の文書で送付したことを明らかにするために、又、通知先の欠落を防ぐため関係者全員の名をあげる例とした。尚、カッコ書きの部分は、入れなくてもよいが、入れるのも1つの方法である。
2)　遺贈の場合は、下線の部分を「受遺者丙川一郎氏に対する特定遺贈」と記載する。

（特定財産の相続させる遺言の場合、特定遺贈の場合）例

財　産　目　録

＿年＿月＿日作成

住所　＿＿＿＿＿＿＿＿＿＿＿＿＿＿

作成者　遺言執行者

＿＿＿＿＿＿＿＿＿＿＿＿＿＿　印

遺言者甲野A男氏の相続人乙山花子氏に対する相続させる遺言の特定財産（又は受遺者丙川一郎氏に対する特定遺贈の財産）は次の通りである。

1　財産の表示

(1)　土地

所　　在　　○○市○○△丁目
地　　番　　100番1
地　　目　　宅地
地　　積　　800平方メートル

(2)　建物

所　　在　　○○市○○△丁目100番地1
家屋番号　　100番1
種　　類　　居宅
構　　造　　木造瓦葺2階建
床 面 積　　1階　150平方メートル
　　　　　　2階　120平方メートル

(3)　株式

①　○○会社の株式　　2万株
②　△△会社の株式　　1万株

2　現在の状況

上記(1)(2)の物件の登記名義人は遺言者である。

*　特定財産の相続させる遺言、特定遺贈の場合は、遺言の目的となっている財産についてだけの目録を作成すればよい。

【9】 推定相続人廃除審判申立書例

家事審判申立書
（推定相続人廃除審判申立書）

＿年＿月＿日

△△家庭裁判所　御中[1)]

申立人　甲野Ａ男遺言執行者
弁護士 ＿＿＿＿＿＿＿＿＿＿ 印[2)]

当事者の表示

住　　所 ＿＿＿＿＿＿＿＿＿＿
（送達場所） ＿＿＿＿＿＿＿＿＿＿
申　立　人　　甲野Ａ男遺言執行者
＿＿＿＿＿＿＿＿＿＿
＿年＿月＿日生
職業　弁護士
TEL＿＿＿＿＿＿FAX＿＿＿＿＿＿

本　　籍 ＿＿＿＿＿＿＿＿＿＿
住　　所 ＿＿＿＿＿＿＿＿＿＿
相　手　方　　甲　野　太　郎
＿年＿月＿日生
職業　会社員

申立の趣旨

相手方が被相続人甲野Ａ男の推定相続人であることを廃除するとの審判を求める。

申立の実情

1　相手方は被相続人の長男であり、推定相続人である。

2　被相続人と相続開始

(1)　被相続人の本籍　＿＿＿＿＿＿＿＿＿＿＿＿

　　　最後の住所　＿＿＿＿＿＿＿＿＿＿＿＿

　　　氏　　　名　甲野Ａ男

(2)　被相続人は×年×月×日死亡し、相続が開始した。

3　被相続人の遺言

被相続人には○年○月○日付の公正証書遺言（又は自筆証書遺言）がある。

これには、相手方は被相続人に対して下記５の内容の著しい非行があったので、推定相続人を廃除する旨遺言してある。

併せて、この遺言書の遺言執行者として申立人が指定されている。

4　この遺言は、×年×月×日被相続人の死亡により効力が生じた。[3)]

5　廃除理由である著しい非行の内容は次の通りである。（具体的内容を記載する。）

6　よって、この申立をする。

<添付書類>

1	相手方の戸籍全部事項証明書（戸籍謄本）	１通
2	被相続人の戸籍・除籍謄本・原戸籍	１通
3	被相続人の除票	１通
4	遺言書（写）	１通
5	申立人（遺言執行者）の資格証明書	１通[4)]

1)　管轄は相続開始地の家庭裁判所である（家事手続§188Ⅰ）。

2)　申立権者は遺言執行者である（民§893）。

3)　自筆証書遺言の場合は、さらに「＿年＿月＿日、御庁において遺言書検認を終了した」旨を加える。

4)　遺言書による指定の場合は、「上記遺言書の写しと同じなので省略する」旨記載して、添付を省略することができる。

家庭裁判所から選任された場合は、遺言執行者選任審判書の写しを添付する。

【10】 推定相続人廃除の取消審判申立書例

家　事　審　判　申　立　書
（推定相続人廃除取消審判申立書）

__年__月__日

△△家庭裁判所　御中[1]

申立人　甲野A男遺言執行者
弁護士 ______________________ 印[2]

当事者の表示

住　　所 ______________________
（送達場所）______________________
申　立　人　　甲野A男遺言執行者
____
__年__月__日生
職業　弁護士
TEL__________FAX__________

本　　籍 ______________________
住　　所 ______________________
相　手　方　　甲　野　太　郎
__年__月__日生
職業　会社員

申立の趣旨

△△家庭裁判所が__年__月__日相手方に対してなした被相続人甲野A男の推定相続人廃除を取り消すとの審判を求める。

申立の実情

1　相手方は__年__月__日、御庁の推定相続人廃除審判により、被相続人甲野A男の相続権を喪失した者である。

2　被相続人と相続開始

(1)　被相続人の本籍　＿＿＿＿＿＿＿＿＿＿＿＿＿＿

最後の住所　＿＿＿＿＿＿＿＿＿＿＿＿＿＿

氏　名　甲野A男

(2)　被相続人は×年×月×日死亡し、相続が開始した。

3　被相続人の遺言

被相続人には○年○月○日付の公正証書遺言（又は自筆証書遺言）がある。

これには、相手方に対する推定相続人廃除を取り消す旨遺言してある。

併せて、この遺言書の遺言執行者として申立人が指定されている。

4　この遺言は、×年×月×日被相続人の死亡により効力が生じた。[3)]

5　よって、この申立をする。

＜添付書類＞

1　相手方の戸籍全部事項証明書（戸籍謄本）　1通

2　被相続人の戸籍・除籍謄本・原戸籍　1通

3　被相続人の除票　1通

4　遺言書（写）　1通

5　申立人（遺言執行者）の資格証明書　1通[4)]

1)　管轄は相続開始地の家庭裁判所である（家事手続§188Ⅰ）。

2)　申立権者は遺言執行者である（民§894Ⅱ、§893）。

3)　自筆証書遺言の場合は、さらに「＿年＿月＿日、御庁において遺言書検認を終了した」旨を加える。

4)　遺言書による指定の場合は、「上記遺言書の写しと同じなので省略する」旨記載して、添付を省略することができる。

家庭裁判所から選任された場合は、遺言執行者選任審判書の写しを添付する。

【11】 特定遺贈の承認又は放棄に関する催告書例

__年__月__日

(受遺者)________________殿

住所 ________________________

甲野A男遺言執行者

弁護士 __________________ 印

TEL__________FAX__________

催　告　書[1)]

当職は、本日ご通知の通り、遺言者甲野A男氏の遺言執行者です。

本日同封の遺言書の通り、遺言者は同遺言にて貴殿に下記物件を遺贈致しました。

つきましては、この遺贈に関し、貴殿は承認されるか又は放棄されるかを、本書到達後10日[2)]以内にご回答いただきたく、民法987条の規定により催告致します。

上記期間内にご回答がない場合は、同条の規定により貴殿は上記遺贈を承認したものとみなされますことを念のため申し添えます。

尚、ご回答しやすいように、回答書を同封致しましたので、それをご利用下さい。

記

物件の表示　　　　（具体的に記載する）

1) 遺言執行者就任の通知書（【1】を参照）と一緒に出す場合の書式例である。

2) 民法987条では「相当の期間を定めて」催告する旨規定されているので、この例では10日にした。

__年__月__日

遺言執行者__________________殿

住所 ________________________

氏名 ________________________ 印

TEL__________________

回　答　書

貴殿から、__年__月__日付の催告書に関し、下記の通り回答します。

記

遺贈者甲野A男の遺言による私への遺贈について、私は

1　これを承認します。

2　これを放棄します。

<注> 回答は、いずれかの番号に丸印をつけて下さい。

【12】 執行状況の報告書例

__年__月__日

（相続人）甲野太郎　様
（相続人）乙山花子　様
（甲野次郎代襲相続人）甲野八郎　様
（受遺者）丙川一郎　様　1)

住所 ______________________

甲野A男遺言執行者

弁護士 ______________________ 印

TEL__________FAX__________

報　告　書

当職は、遺言者甲野A男氏の遺言執行者として、遺言執行状況について下記の通り報告致します。

記

1　推定相続人廃除の申立

遺言により甲野太郎氏に対する推定相続人廃除の申立を△△家庭裁判所に行いました。

2　相続財産についての執行

相続財産目録記載の預貯金の払戻請求をし、その合計__________円を当職が保管しております。

3　今後の予定について

相続財産目録記載の投資信託の解約手続は、しばらく時間がかかるようです。

それが完了すれば、執行すべきものは終了の予定です。

＊報告内容は遺言執行者が適正に実施されたことを確認できる程度のものでよい。
又、必ず関係書類の写しを交付しなければならないものではない。

1）　この報告書を関係者全員に同一の文書で送付したことを明らかにするために、又、通知先の欠落を防ぐため関係者全員の名をあげる例とした。尚、カッコ書きの部分は、入れなくてもよいが、入れるのも１つの方法である。

【13】 任務終了通知書兼報告書例（執行完了の場合）

__年__月__日

（相続人）甲野太郎　様
（相続人）乙山花子　様
（甲野次郎代襲相続人）甲野八郎　様
（受遺者）丙川一郎　様
1)

住所 ______________________

甲野Ａ男遺言執行者

弁護士 ________________ 印

TEL__________FAX__________

通知書兼報告書

当職は、遺言者甲野Ａ男氏の遺言執行者として、これまでの執行の経過等の報告及び任務終了についてご通知申し上げます。

1　執行状況の報告

(1)　推定相続人廃除の申立の結果報告

甲野太郎氏に対する推定相続人廃除の申立について、△△家庭裁判所は、__年__月__日、次の内容の審判を行いました。

審判の内容　……

(2)　相続財産についての執行

相続財産目録うち執行すべきものはすべて執行が完了致しました。

2　任務終了の通知

以上により、当職が遺言執行者として行うべき遺言執行の手続はすべて完了致しましたので、ご通知申し上げます。

3　収支計算の報告

任務終了に伴う収支計算は添付別紙収支計算書の通りです。

＜添付書類＞
収支計算書　　１通

＊　執行完了による任務終了の場合で、執行状況報告書、任務終了通知書、収支計算報告書を兼ねた文書の例である。

1)　この報告書を関係者全員に同一の文書で送付したことを明らかにするために、又、通知先の欠落を防ぐため関係者全員の名をあげる例とした。尚、カッコ書きの部分は、入れなくてもよいが、入れるのも１つの方法である。

収 支 計 算 書

__年__月__日

住所 ______________________________

甲野Ａ男遺言執行者

______________________________ 印

遺言者甲野Ａ男氏の遺言執行に関する収支計算は次の通りである。

1 収入の部

(1) ○○銀行○○支店の預金解約払戻金 合計__________円

内訳 ① 定期預金（番号 ）__________円

② 普通預金（番号 ）__________円

(2) 郵便貯金の解約払戻金 合計__________円

内訳 ① 定額定期貯金__________円

② 通常貯金 __________円

(3) 収入合計 ((1)+(2))____________________円

2 支出の部（遺言執行費用）

(1) 手続費用 計 円

内訳 ① 戸籍等関係書類取寄せ費用__________円

② 登記簿謄本取寄せ費用 __________円

③ 通知費用 __________円

④ 振込送金料 __________円

(2) 遺言執行者の報酬__________円[1)]

(3) 遺言執行費用 合計 ((1)+(2))____________________円

3 残金（収入合計－支出合計）____________________円

◎ 上記残金は、包括的受益相続人である乙山花子さんに、振込送金致しました。

＊　遺言で金額を定めている場合（例えば、Aには1000万円、Bには500万円、Cには残額を相続させるというような場合）は、遺言執行費用の負担の割合について遺言で別段定めていない場合は、総遺言執行費用を各人の遺産取得額に按分する。

その額を控除して相続人らに支払うことになるので、収支計算書は遺言の内容ごとに工夫し、それに即したスタイルで作成すべきことになる。

1)　遺言執行者の報酬が定まっている場合は、支出の部に計上して控除する。

【14】 任務終了通知書兼報告書例（執行不能による終了の場合）

__年__月__日

（相続人）甲野太郎　様
（相続人）乙山花子　様
（甲野次郎代襲相続人）甲野八郎　様
（受遺者）丙川一郎　様 [1]

住所 ______________________

甲野Ａ男遺言執行者

弁護士 __________________ 印

TEL__________FAX__________

通知書兼報告書

1　当職は、遺言者甲野Ａ男氏の遺言執行者として、その任務にあたってきましたが、遺言者の遺言（○年○月○日付自筆証書遺言）について、相続人甲野太郎氏より□□を相手方として、__年__月__日、△△地方裁判所に遺言無効確認の訴が提起され（同庁____○年(ワ)第○号遺言無効確認事件）、同裁判所から__年__月__日、上記遺言は無効である旨の判決の言渡しがあり、判決は__年__月__日確定したので、上記遺言の執行は不能となりました[2]。

これにより、当職の遺言執行の任務は終了致しましたことをご通知致します。尚、同判決の写しを同封致します。

2　これまでの執行内容の報告

当職が遺言執行者に就任後、上記執行不能による終了までの執行内容は次の通りです。（具体的内容を記載する。）

3　相続財産の保管状況

当職が保管している財産は次の通りです。（具体的内容を記載する。）

4　収支計算の報告

任務終了に伴う収支計算は添付別紙収支計算書の通りです。

<添付書類>

1　判決（写）　1通

2　収支計算書　1通 3)

＊　執行不能による任務終了の場合で、任務終了通知書、執行経過報告書、収支計算書を兼ねた文書の例である。

1)　この報告書を関係者全員に同一の文書で送付したことを明らかにするために、又、通知先の欠落を防ぐため関係者全員の名をあげる例とした。尚、カッコ書きの部分は、入れなくてもよいが、入れるのも1つの方法である。
2)　執行不能になった内容を具体的に記載する。
3)　収支計算書は書式例【13】を参照されたい。

【15】 任務終了通知書例（遺言執行者の死亡による終了の場合）

＿年＿月＿日

（相続人）甲野太郎　様
（相続人）乙山花子　様
（甲野次郎代襲相続人）甲野八郎　様
（受遺者）丙川一郎　様 [1]

住所 ＿＿＿＿＿＿＿＿＿＿＿＿
遺言執行者 ＿＿＿＿＿＿ [2] の相続人
氏名 ＿＿＿＿＿＿＿＿＿＿ 印

任務終了通知書

私の父（又は母）＿＿＿＿＿ [2] は、遺言者甲野A男氏の遺言執行者として、その任務を行ってきましたが、父（又は母）は＿年＿月＿日死亡致しました。

つきましては、父（又は母）の遺言執行者としての任務は終了致しましたことをご通知致します。

尚、遺言執行者として父（又は母）が行ってきた遺言執行の内容及び父（又は母）が死亡当時における遺言者の遺産の管理状況については調査のうえ、追って報告致します。

<添付書類>
父（又は母）の戸籍全部事項証明書（戸籍謄本）　1通

1）この報告書を関係者全員に同一の文書で送付したことを明らかにするために、又、通知先の欠落を防ぐため関係者全員の名をあげる例とした。尚、カッコ書きの部分は、入れなくてもよいが、入れるのも1つの方法である。
2）死亡した遺言執行者の氏名を記載する。

【16】 遺言執行者辞任許可審判申立書例

家 事 審 判 申 立 書 書
（遺言執行者辞任許可審判申立書）

__年__月__日

△△家庭裁判所　御中[1)]

申立人 ______________________ 印[2)]

当事者の表示

住　　所 ______________________

申 立 人　関 東 B 夫

__年__月__日生

職業__________TEL__________

本　　籍 ______________________

最後の住所 ______________________

遺 言 者　甲 野 A 男

×年×月×日死亡

申立の趣旨

申立人が遺言者甲野A男の○年○月○日付公正証書遺言（又は自筆証書遺言）の遺言執行者を辞任することの許可求める。

申立の実情

1　申立人は、遺言者甲野A男の○年○月○日付公正証書遺言（又は自筆証書遺言）による指定により、遺言執行者の就職を承諾して、その職務を遂行してきた。[3)]
2　今般、次の事情により任務を遂行できなくなった。[4)]
（具体的事情を記載する）
3　よって、遺言執行者を辞任したく申立をする。

<添付書類>

1	申立人の住民票	1通
2	遺言者の除籍又は戸籍謄本・原戸籍	1通
3	遺言者の除票	1通
4	遺言書（写）	1通
5	申立理由の証明資料[4]	1通

1） 管轄は相続開始地の家庭裁判所である（家事手続§209Ⅰ）。

2） 申立権者は遺言執行者である（民§1019Ⅱ）。

3） 家庭裁判所からの選任の場合は、「申立人は＿年＿月＿日△△家庭裁判所から遺言者甲野Ａ男の○年○月○日付公正証書遺言（又は自筆証書遺言）の遺言執行者に選任され、その職務を遂行した」と記載し、さらに遺言執行者選任審判書の写しを添付する。

尚、申立先の家庭裁判所に遺言書検認事件記録、遺言執行者選任事件記録がある場合は、1～4の添付書類は省略できる。

4） 辞任の理由が健康上の理由の場合は、診断書を添付する。

他に辞任の理由を証する資料がある場合はそれを添付する。

【17】 任務終了通知書兼報告書例（辞任による任務終了の場合）

＿年＿月＿日

（相続人）甲野太郎　様
（相続人）乙山花子　様
（甲野次郎代襲相続人）甲野八郎　様
（受遺者）丙川一郎　様　1)

住所 ＿＿＿＿＿＿＿＿＿＿＿＿
甲野Ａ男遺言執行者
弁護士 ＿＿＿＿＿＿＿＿＿＿ 印
TEL＿＿＿＿＿＿FAX＿＿＿＿＿＿

通知書兼報告書

1　任務終了の通知

当職は、遺言者甲野Ａ男氏の遺言執行者として、その任務にあたってきましたが、今般、家庭裁判所の許可を得て、遺言執行者の職を辞任致しました。これにより、当職の遺言執行の任務は終了致しましたことをご通知致します。尚、家庭裁判所の許可書の写しを同封致します。

2　これまでの執行内容の報告

当職が遺言執行者に就任後、辞任するまでの執行内容は次の通りです。（具体的内容を記載する。）

3　相続財産の保管状況

当職が保管している財産は次の通りです。（具体的内容を記載する。）

4　収支計算の報告

任務終了に伴う収支計算は添付別紙収支計算書の通りです。

<添付書類>

1	家庭裁判所の辞任許可審判書（写）	1通
2	収支計算書	1通[2)]

＊　辞任による任務終了の場合で、任務終了通知書、執行経過報告書、収支計算書を兼ねた文書の例である。

1)　この報告書を関係者全員に同一の文書で送付したことを明らかにするために、又、通知先の欠落を防ぐため関係者全員の名をあげる例とした。尚、カッコ書きの部分は、入れなくてもよいが、入れるのも1つの方法である。

2)　収支計算書は書式例【13】を参照されたい。

【18】 遺言執行者解任審判申立書例

家　事　審　判　申　立　書　書
（遺言執行者解任審判申立書）

＿年＿月＿日

△△家庭裁判所　御中 1)

申立人 ＿＿＿＿＿＿＿＿＿＿＿＿＿＿＿＿ 印 2)

当事者の表示

本　　籍 ＿＿＿＿＿＿＿＿＿＿＿＿＿＿
住　　所 ＿＿＿＿＿＿＿＿＿＿＿＿＿＿
申　立　人　　丙　川　一　郎
＿年＿月＿日生
職業＿＿＿＿＿TEL＿＿＿＿＿＿
申立人の資格（相続人）2)

本　　籍 ＿＿＿＿＿＿＿＿＿＿＿＿＿＿
最後の住所 ＿＿＿＿＿＿＿＿＿＿＿＿＿＿
遺　言　者　　甲　野　A　男
×年×月×日死亡

住　　所 ＿＿＿＿＿＿＿＿＿＿＿＿＿＿
遺言執行者　　関　東　B　夫
＿年＿月＿日生
職業＿＿＿＿＿

申立の趣旨

遺言者甲野A男の○年○月○日付公正証書遺言（又は自筆証書遺言）の遺言執行者関東B夫の解任を求める。

申立の実情

1　遺言者甲野A男は×年×月×日死亡した。
2　遺言者は○年○月○日付公正証書遺言（又は自筆証書遺言）にて、関東B夫を遺言執行者と指定し、関東B夫は就職を承諾した。
3　遺言執行者関東B夫は__年以上経過しても財産目録を作成せず、又、申立人が遺言者の前記遺言により絵画を相続したので、遺言執行者関東B夫に、その引渡を、再三、求めたが、遺言執行者はその履行をしない。3)
4　よって、遺言執行者の解任を求めるため、この申立をする。

<添付書類>

1　申立人の戸籍全部事項証明書（戸籍謄本）　1通
2　遺言者の除籍又は戸籍謄本・原戸籍　1通
3　遺言執行者の住民票　1通
4　遺言書（写）（自筆証書遺言の場合は、遺言書の検認調書の写）　1通
5　申立理由の証明資料 3)　1通

1)　管轄は相続開始地の家庭裁判所である（家事手続§209Ⅰ）。
2)　申立権者は、相続人、受遺者などの利害関係人である（民§1019Ⅰ）。
申立人の資格には、申立人が相続人のときはその旨記載する。
この書式例では、相続させる遺言の受益相続人なので「相続人」とした。
3)　本件の例では、解任申立理由の証明資料として、財産目録交付要求書や絵画引渡の催告書などが考えられる。

【19】 任務終了兼報告書例（解任による任務終了の場合）

＿年＿月＿日

（相続人）甲野太郎　様
（相続人）乙山花子　様
（甲野次郎代襲相続人）甲野八郎　様
（受遺者）丙川一郎　様 [1)]

住所 ＿＿＿＿＿＿＿＿＿＿＿＿＿＿

甲野Ａ男遺言執行者

＿＿＿＿＿＿＿＿＿＿＿＿＿＿ 印

TEL＿＿＿＿＿＿FAX＿＿＿＿＿＿

通知書兼報告書

1　任務終了の通知

私は、遺言者甲野Ａ男氏の遺言執行者として、その任務にあたってきましたが、今般、家庭裁判所から、その遺言執行者の職を解任されました。これにより、私の遺言執行の任務は終了致しましたので、ご通知致します。尚、家庭裁判所の解任審判書の写しを同封致します。

2　これまでの執行内容の報告

私が遺言執行者に就任後、解任されるまでの執行内容は次の通りです。（具体的内容を記載する。）

3　相続財産の保管状況

私が保管している財産は次の通りです。（具体的内容を記載する。）

4　収支計算の報告

任務終了に伴う収支計算は添付別紙収支計算書の通りです。

＜添付書類＞

1　家庭裁判所の解任審判書（写）　1通
2　収支計算書　1通 [2)]

＊　解任による任務終了の場合で、任務終了通知書、執行経過報告書、収支計算書を兼ねた文書の例である。

1）　この報告書を関係者全員に同一の文書で送付したことを明らかにするために、又、通知先の欠落を防ぐため関係者全員の名をあげる例とした。尚、カッコ書きの部分は、入れなくてもよいが、入れるのも１つの方法である。
2）　収支計算書は書式例【13】を参照されたい。

【20】 任務終了通知書兼報告書例（破産による任務終了の場合）

__年__月__日

（相続人）甲野太郎　様
（相続人）乙山花子　様
（甲野次郎代襲相続人）甲野八郎　様
（受遺者）丙川一郎　様 [1)]

住所 ________________________

甲野A男遺言執行者

________________________ 印

TEL__________FAX__________

通知書兼報告書

1　任務終了の通知

私は、遺言者甲野A男氏の遺言執行者として、その任務にあたってきましたが、今般、△△地方裁判所で破産手続開始決定がなされ、破産者となりました。これにより、私の遺言執行の任務は終了致しましたので、ご通知致します。尚、破産手続開始決定の写しを同封致します。

2　これまでの執行内容の報告

私が遺言執行者に就任後、破産により終了するまでの執行内容は次の通りです。（具体的内容を記載する。）

3　相続財産の保管状況

私が保管している財産は次の通りです。（具体的内容を記載する。）

4　収支計算の報告

任務終了に伴う収支計算は添付別紙収支計算書の通りです。

＜添付書類＞

1　破産手続開始決定（写）　1通
2　収支計算書　1通 [2)]

＊　破産者になったことによる任務終了の場合で、任務終了通知書、執行経過報告書、収支計算書を兼ねた文書の例である。

1）　この報告書を関係者全員に同一の文書で送付したことを明らかにするために、又、通知先の欠落を防ぐため関係者全員の名をあげる例とした。尚、カッコ書きの部分は、入れなくてもよいが、入れるのも１つの方法である。
2）　収支計算書は書式例【13】を参照されたい。

【21】 遺言執行者報酬付与審判申立書例

家　事　審　判　申　立　書
（遺言執行者報酬付与審判申立書）

＿年＿月＿日

△△家庭裁判所　御中[1]

申立人 ＿＿＿＿＿＿＿＿＿＿＿＿＿＿ 印[2]

当事者の表示

住　　所 ＿＿＿＿＿＿＿＿＿＿
（送達場所） ＿＿＿＿＿＿＿＿＿＿
申　立　人　甲野Ａ男遺言執行者
＿＿＿＿＿＿＿＿＿＿＿＿
＿年＿月＿日生
職業　弁護士
TEL＿＿＿＿＿FAX＿＿＿＿＿

本　　籍 ＿＿＿＿＿＿＿＿＿＿
最後の住所 ＿＿＿＿＿＿＿＿＿＿
遺　言　者　甲　野　Ａ　男
×年×月×日死亡

申立の趣旨

申立人に対し、遺言者甲野Ａ男の〇年〇月〇日付公正証書遺言（又は自筆証書遺言）の遺言執行者の報酬として相当額を付与するとの審判を求める。

申立の実情

1　申立人は、遺言者甲野Ａ男の〇年〇月〇日付公正証書遺言（又は自筆証書遺言）により、遺言執行者に指定され、__年__月__日それを受諾して、遺言執行者に就職した者であり、就職以来__年__ヵ月間その任務を遂行してきた。

2　その遺言の執行内容等の詳細は別紙遺言執行報告書の通りである。

3　その遺言執行は__年__月__日をもって終了したが、遺言には報酬の定めがない。

4　よって、報酬を付与する審判を求めるため、この申立をする。

＜添付書類＞

1	申立人の住民票	1通
2	遺言者の除籍又は戸籍謄本・原戸籍	1通
3	遺言者の除票	1通
4	遺言書（写）	1通
5	遺言執行報告書[3]	1通

1）管轄は相続開始地の家庭裁判所である（家事手続§209Ⅰ）。
2）申立権者は遺言執行者である（民§1018Ⅰ）。
3）申立理由の証明資料である。
遺言執行の経過を記載し、財産目録を添付する。

【22】 遺言書検認申立書例

遺言書検認申立書

__年__月__日

△△家庭裁判所 御中[1)]

申立人 ______________________________ 印[2)]

当事者の表示

本 籍 ___________________________

住 所 ___________________________

申 立 人 ______________

__年__月__日生

職業__________TEL___________

申立資格(遺言書の保管者)[2)]

本 籍 ___________________________

最後の住所 ___________________________

遺 言 者 甲 野 A 男

×年×月×日死亡

申立の趣旨

遺言者の自筆証書による遺言書の検認を求める。

申立の実情

1 遺言者の封がされている遺言書がある(尚、封に印は押されていない)。

2 申立人は、遺言者から、__年__月__日預り、これを申立人の前記自宅の金庫に保管してきた。

3　遺言者は×年×月×日死亡した。

相続人等の表示

別紙相続人等目録の通り。[3)]

<添付書類>

1　申立人の戸籍全部事項証明書（戸籍謄本）　1通
2　遺言者の除籍又は戸籍謄本・原戸籍　1通
3　相続人、受遺者ら全員の戸籍全部事項証明書（戸籍謄本）　各1通
4　遺言者の除票　1通
5　遺言書原本[4)]　1通

1）管轄は相続開始地の家庭裁判所である（家事手続§209Ⅰ）。

2）申立権者は遺言書の保管者又は遺言書を発見した相続人である（民§1004Ⅰ）。

3）相続人目録
　相続人の住所、氏名、生年月日、被相続人との続柄、連絡先の電話番号を記載する。

4）遺言書原本は検認期日に提出するのが大方の実務の取扱なので、検認期日に持参する。

【23】 債権譲渡通知書例

＿年＿月＿日

住所 ＿＿＿＿＿＿＿＿＿＿＿＿ 1)

＿＿＿＿＿＿＿＿＿＿＿＿ 殿

住所 ＿＿＿＿＿＿＿＿＿＿＿＿

遺言者甲野A男遺言執行者

弁護士　関　東　B　夫　印

TEL＿＿＿＿＿＿FAX＿＿＿＿＿＿

債権譲渡通知書

遺言者甲野A男（×年×月×日死亡）は、○年○月○日付公正証書遺言（又は自筆証書遺言）により、遺言者の貴殿に対する下記債権を、下記の受遺者に遺贈しましたので、通知致します。

記

1　債権の表示 2)

遺言者が、＿年＿月＿日、貴殿に貸し付けた元金＿＿万円、返済期日＿年＿月＿日、約定利息　年○%　遅延損害金　年◎%の貸付債権

2　受遺者の表示 3)

住　所 ＿＿＿＿＿＿＿＿＿＿＿＿

氏　名 ＿＿＿＿＿＿＿＿＿＿＿＿

1)　債務者の住所・氏名を記載する。
2)　債権の内容を具体的に表示する。
3)　受遺者の住所・氏名を記載する。

【24】 借地権譲渡承諾願い書例

__年__月__日

住所 ____________________[1)]

____________________ 殿

住所 ______________________

遺言者甲野A男遺言執行者

弁護士　関 東 B 夫　印

TEL__________FAX__________

住所 ______________________

受遺者　丙 川 一 郎　印

借地権譲渡承諾のお願い

甲野A男（以下「遺言者」という）は、貴殿から下記の土地（以下「本件土地」という）を賃借しておりましたが[2)]、×年×月×日亡くなりました。

遺言者は、本件土地の借地権を、○年○月○日付公正証書遺言（又は自筆証書遺言）により、丙川一郎（以下「受遺者」という）に遺贈し、上記遺言の遺言執行者として、関東B夫が就任しております。

つきましては、本件土地の借地権の遺贈につき、貴殿のご承諾をいただきたく、遺言執行者及び受遺者ともにお願い申し上げます。

記

所　在　○県○市○町○丁目

地　番　○番

地　目　宅地

地　積　○○平方メートル

1) 土地の賃貸人の住所・氏名を記載する。
2) 賃貸借契約の日付、内容が明らかな場合は、下線部分を「下記の内容で賃借しておりましたが」と記載し、土地の表示の下に、その「契約内容」を記載する。

【25】 債権相続通知書例

＿年＿月＿日

住所 ＿＿＿＿＿＿＿＿＿＿ 1)

＿＿＿＿＿＿＿＿＿＿ 殿

住所 ＿＿＿＿＿＿＿＿＿＿＿＿

遺言者甲野A男遺言執行者

弁護士　関　東　B　夫　印

TEL＿＿＿＿＿FAX＿＿＿＿＿

債権相続通知書

遺言者甲野A男(×年×月×日死亡）は、○年○月○日付公正証書遺言（又は自筆証書遺言）により、遺言者の貴殿に対する下記債権を、下記の相続人に相続させましたので、通知します。

記

1　債権の表示 2)

遺言者が、＿年＿月＿日、貴殿に貸付けた元金＿＿万円、返済期日＿年＿月＿日、約定利息　年○%　遅延損害金　年◎%の貸付債権

2　相続人の表示 3)

住　所 ＿＿＿＿＿＿＿＿＿＿＿＿

氏　名 ＿＿＿＿＿＿＿＿＿＿＿＿

1)　債務者の住所・氏名を記載する。
2)　債権の内容を具体的に表示する。
3)　相続人の住所・氏名を記載する。

資料3　関連法規(抜粋)

【1】 不動産登記法

1　旧登記法（平成16年6月以前の不動産登記法）（明治32年2月24日法律第24号）

〔登記の申請〕

第26条①　登記ハ行政手続等における情報通信の技術の利用に関する法律第三条第一項ノ規定ニ依リ同項ニ規定スル電子情報処理組織ヲ使用シテ申請スル場合ヲ除ク外登記権利者及ヒ登記義務者又ハ其代理人登記所ニ出頭シテ之ヲ申請スルコトヲ要ス

第27条　判決又ハ相続ニ因ル登記ハ登記権利者ノミニテ之ヲ申請スルコト得

2　現在の登記法（平成16年6月18日法律第123号）（令和3年改正現在）

第60条　権利に関する登記の申請は、法令に別段の定めがある場合を除き、登記権利者及び登記義務者が共同してしなければならない。

第63条①　第60条、第65条又は第89条第1項（同条第2項（第95条第2項において準用する場合を含む。）及び第95条第2項において準用する場合を含む。）の規定にかかわらず、これらの規定により申請を共同してしなければならない者の一方に登記手続をすべきことを命ずる確定判決による登記は、当該申請を共同してしなければならない者の他方が単独で申請することができる。

②　相続又は法人の合併による権利の移転の登記は登記権利者が単独で申請することができる。

【2】 農地法及び農地法施行規則

1　農地法（昭和27年7月15日法律第229号）（令和2年改正現在）

第3条①　農地又は採草放牧地について所有権を移転し、又は地上権、永小作権、質権、使用貸借による権利、賃借権若しくはその他の使用及び収益を目的とする権利を設定し、若しくは移転する場合には、政令で定めるところにより、当事者が農業委員会の許可を受けなければならない。ただし、次の各号のいずれかに該当する場合及び第5条第1項本文に規定する場合は、この限りではない。

十六　その他農林水産省令で定める場合

2　農地法施行規則（昭和27年10月20日農林省令第79号）（令和3年改正現在）

第15条　法〔農地法〕第3条第1項第16号の農林水産省令で定める場合は、次に掲げる場合とする。

五　包括遺贈又は相続人に対する特定遺贈により法第3条1項の権利が取得される場合

【3】 弁護士法、弁護士職務基本規程及び旧弁護士倫理

1　弁護士法（昭和24年6月10日法律第205号）（令和2年改正現在）

（懲戒事由及び懲戒権者）

第56条①　弁護士及び弁護士法人は、この法律（外国法事務弁護士法人の使用人である弁護士にあっては、この法律又は外国弁護士による法律事務の取扱いに関する特別措置法）又は所属弁護士会若しくは日本弁護士連合会の会則に違反し、所属弁護士会の秩序又は信用を害し、その他職務の内外を問わずその品位を失うべき非行があったときは、懲戒を受ける。

②　懲戒は、その弁護士又は弁護士法人の所属弁護士会が、これを行う。

2　弁護士職務基本規程（平成16年11月10日会規第70号）

第1章　基本倫理

（信義誠実）

第5条　弁護士は、真実を尊重し、信義に従い、誠実かつ公正に職務を行うものとする。

（名誉と信用）

第6条　弁護士は、名誉を重んじ、信用を維持するとともに、廉潔を保持し、常に品位を高めるように努める。

第3章　依頼者との関係における規律

第2節　職務を行い得ない事件の規律

（職務を行い得ない事件）

第27条　弁護士は、次の各号のいずれかに該当する事件については、その職務を行ってはならない。ただし、第3号に掲げる事件については、受任している事件の依頼者が同意した場合は、この限りではない。

一　相手方の協議を受けて賛助し、又はその依頼を承諾した事件

二　相手方の協議を受けた事件で、その協議の程度及び方法が信頼関係に基づくと認められるもの

三　受任している事件の相手方からの依頼による他の事件

四　公務員として職務上取り扱った事件

五　仲裁、調停、和解斡旋その他の裁判外紛争解決手続機関の手続実施者として取り扱った事件

（同前）

第28条　弁護士は、前条に規定するもののほか、次の各号のいずれかに該当する事件については、その職務を行ってはならない。ただし、第1号及び第4号に掲げる事件についてその依頼者が同意した場合は、第2号に掲げる事件についてその依頼者及び相手方が同意した場合並びに第3号に掲げる事件についてその依頼者及び他の依頼者のいずれもが同意した場合は、この限りではない。

一　相手方が配偶者、直系血族、兄弟姉妹又は同居の親族である事件

二　受任している他の事件の依頼者又は継続的な法律事務の提供を約している者を相手方とする事件

三　依頼者の利益と他の依頼者の利益が相反する事件

四　依頼者の利益と自己の経済的利益が相反する事件

第7章　共同事務所における規律

（職務を行い得ない事件）

第57条　所属弁護士は、他の所属弁護士（所属弁護士であった場合を含む。）が、第27条又は第28条の規定により職務を行い得ない事件については、職務を行ってはならない。ただし、職務の公正を保ち得る事由があるときは、この限りではない。

（同前―受任後）

第58条　所属弁護士は、事件を受任した後に前条に該当する事由があることを知ったときは、速やかに、依頼者にその事情を告げて、辞任その他の事案に応じた適切な措置をとらなければならない。

3　旧弁護士倫理（平成2年3月2日）

第1章　倫理綱領

（信義誠実）

第4条　弁護士は、信義に従い、誠実かつ公正に職務を行う。

（信用の維持）

第5条　弁護士は、名誉を重んじ、信用を維持するとともに、常に品位を高め教養を深めるように努める。

第3章　依頼者との関係における規律

（職務を行い得ない事件）

第26条　弁護士は、左に掲げる事件については職務を行ってはならない。ただし、第3号及び第4号に掲げる事件については、受任している事件の依頼者の同意がある場合は、この限りではない。

一　事件の協議を受け、その程度及び方法が信頼関係に基づくときは、その協議した者を相手方とするその事件

二　受任している事件と利害相反する事件

三　受任している事件の依頼者を相手方とする他の事件

四　受任している事件の相手方からの依頼による他の事件

五　公務員若しくは法令により公務に従事する者又は仲裁人として職務上取り扱った事件

（他の弁護士又はその依頼者との関係において職務を行い得ない事件）

第27条　弁護士は、同一の法律事務所で執務する他の弁護士若しくは

同一の場所で執務する他の外国法事務弁護士又はそれぞれの依頼者との関係において、職務の公正を保ち得ない事由のある事件については、職務を行ってはならない。

【4】 道路運送車両法及び自動車登録令

1 道路運送車両法（昭和26年6月1日法律第185号）（令和2年改正現在）

第4条 自動車（軽自動車、小型特殊自動車及び二輪の小型自動車を除く。以下第29条から第32条までを除き本章において同じ。）は、自動車登録ファイルに登録を受けたものでなければ、これを運行の用に供してはならない。

第5条① 登録を受けた自動車の所有権の得喪は、登録を受けなければ、第三者に対抗することができない。

第13条① 新規登録を受けた自動車（以下「登録自動車」という。）について所有者の変更があったときは、新所有者は、その事由があった日から15日以内に、国土交通大臣の行う移転登録の申請をしなければならない。

② 国土交通大臣は、前項の申請を受理したときは、第8条第1号若しくは第4号に該当する場合又は当該自動車に係る自動車検査証が有効なものでない場合を除き、移転登録をしなければならない。

第19条 自動車は、第11条第1項（同条第2項及び第14条第2項において準用する場合を含む。）の規定により国土交通大臣又は第25条の自動車登録番号標交付代行者から交付を受けた自動車登録番号標を国土交通省令で定める位置に、かつ、被覆しないことその他当該自動車登録番号標に記載された自動車登録番号の識別に支障が生じないものとして国土交通省令で定める方法により表示しなければ、運行の用に供してはならない。

第58条① 自動車（国土交通省令で定める軽自動車、（以下「検査対象外軽自動車」という。）及び小型特殊自動車を除く。以下この章において同じ。）は、この章の定めるところにより、国土交通大臣の行う検査を受け、有効な自動車検査証の交付を受けているものでなければ、これを運行の用に供してはならない。

② 自動車検査証に記載すべき事項は、国土交通省令で定める。

第60条① 国土交通大臣は、新規検査の結果、当該自動車が保安基準に適合すると認めるときは、自動車検査証を当該自動車の使用者に交付しなければならない。この場合において、検査対象軽自動車及び二輪の小型自動車については車両番号を指定しなければならない。

② 検査対象軽自動車及び二輪の小型自動車以外の自動車の係る前項の自動車検査証の交付は、当該自動車について新規登録をした後にしなければならない。

第67条① 自動車の使用者は、自動車検査証の記載事項について変更があったときは、その事由があった日から15日以内に、当該事項の変更について、国土交通大臣が行う自動車検査証の記入を受けなければならない。ただし、その効力を失っている自動車検査証については、これに記入を受けるべき時期は、当該自動車を使用しようとする時とすることができる。

② 前項の規定は、行政区画又は土地の名称の変更により、自動車の使用者若しくは所有者の住所又は自動車の使用の本拠の位置についての自動車検査証の記載事項の変更があった場合にはついては、適用しない。

③ 国土交通大臣は、第1項の変更が国土交通省令で定める事由に該当する場合において、保安基準に適合しなくなるおそれがあると認めるときは、当該自動車が保安基準に適合するかどうかについて、これを提示して構造等変更検査を受けるべきことを命じなければならない。

第73条① 検査対象軽自動車及び二輪の小型自動車は、第60条第1項後段の規定により指定を受けた車両番号を記載した車両番号標を国土交通省令で定める位置に、かつ、被覆しないことその他当該車両番号の識別に支障が生じないものとして国土交通省令で定める方法により表示しなければ、これを運行の用に供してはならない。

第76条の2 軽自動車検査協会は、軽自動車の安全性を確保し、及び軽自動車による公害を防止その他の環境の保全を図るため軽自動車の検査事務を行い、併せてこれに関連する事務を行うことを目的とする。

第76条の3　軽自動車検査協会（以下「協会」という。）は、法人とする。

第76条の4　協会は、一を限り、設立されるものとする。

第76条の27①　協会は、第76条の2の目的を達成するため、次の業務を行う。

一　軽自動車の検査事務

二　検査対象軽自動車に係る自動車重量税の納付の確認及び税額の認定の事務

三　検査対象軽自動車に係る軽自動車税種別割（軽自動車税の種別割（地方税法（昭和25年法律第226号）第442条第2号に掲げる種別割をいう。）をいう。第97条の2第1項及び第2項において同じ。）の納付の確認の事務

四　検査対象軽自動車に係る自動車損害賠償責任保険の契約又は自動車損害賠償責任共済の契約の締結の確認の事務

五　前各号の業務に附帯する業務

六　前各業に掲げるもののほか、第76条の2の目的を達成するために必要な業務

②　協会は、前項第6号に掲げる業務を行なおうとするときは、国土交通大臣の許可を受けなければならない。

2　自動車登録令（昭和26年6月30日政令第256号）（令和2年改正現在）

第10条　登録は、登録権利者及び登録義務者又はこれらの者の代理人が運輸監理部又は運輸支局に出頭して申請しなければならない。

第11条　判決による登録、相続その他の一般承継による登録並びに自動車の新規登録、永久抹消登録、輸出抹消仮登録及び一時抹消登録は、登録権利者だけで申請することができる。

第12条①　自動車の変更登録は、登録名義人だけで申請することができる。

●著者略歴

山崎　巳義（やまざき・みよし）

1969年　中央大学法学部卒業
1972年　司法修習生（26期）
1974年　弁護士登録（東京弁護士会）
1976年　千葉県弁護士会に登録換
1983年　千葉県弁護士会副会長
1990年～2012年　千葉地方裁判所・千葉簡易裁判所民事調停委員
1997年～2015年　千葉県建設工事紛争審査会委員

遺言執行の手引〔第2版〕

2013年12月20日　初　版第1刷発行
2022年4月15日　第2版第1刷発行

著　者　山　崎　巳　義

発行者　石　川　雅　規

発行所　株式会社 商　事　法　務

〒103-0025　東京都中央区日本橋茅場町3-9-10
TEL 03-5614-5643・FAX 03-3664-8844〔営業〕
TEL 03-5614-5649〔編集〕
https://www.shojihomu.co.jp/

落丁・乱丁本はお取り替えいたします。
印刷／中和印刷㈱

Printed in Japan

Shojihomu Co., Ltd.
ISBN978-4-7857-2960-8
※定価はカバーに表示してあります。